UMSCHAU

CLAUDIA DABRINGER
CHRIS ROGL
ANDREAS HECHENBERGER

EINE KULINARISCHE ENTDECKUNGSREISE DURCH DAS SALZKAMMERGUT

UMSCHAU

AM ALMSEE BEOBACHTETE DER FORSCHER KONRAD LORENZ GRAUGÄNSE.

INHALT

REZEPTE AUS DER REGION

INHALT

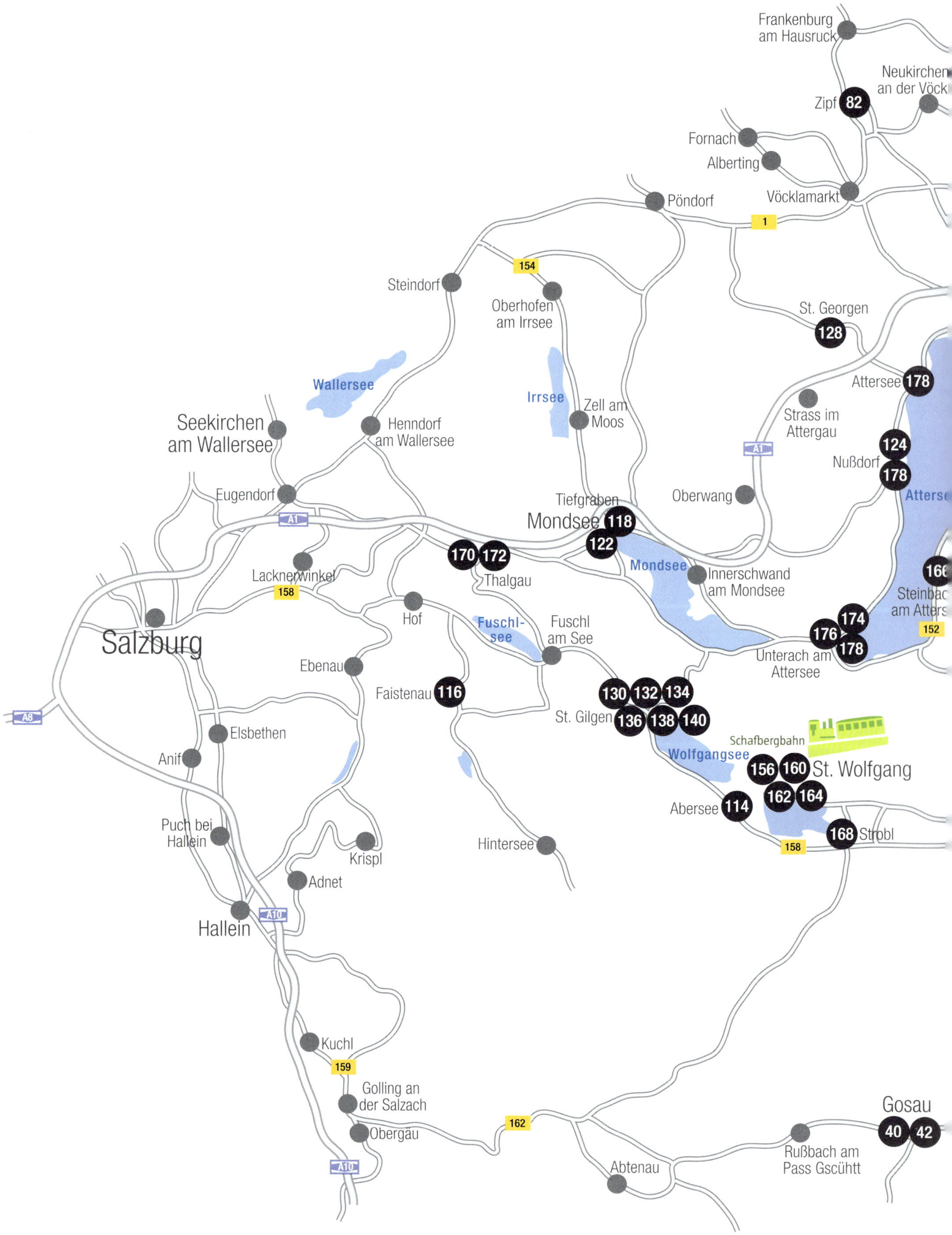

Frankenburg am Hausruck
Neukirchen an der Vöck
Zipf 82
Fornach
Alberting
Vöcklamarkt
Pöndorf
1
154
Steindorf
Oberhofen am Irrsee
St. Georgen 128
Attersee 178
Strass im Attergau
Wallersee
Irrsee
Zell am Moos
Seekirchen am Wallersee
Henndorf am Wallersee
124
Nußdorf 178
Eugendorf
A1
Tiefgraben
Mondsee 118
Oberwang
122
170 172
Thalgau
Lacknerwinkel
158
Mondsee
Innerschwand am Mondsee
166
Steinbac am Atters
Hof
Fuschlsee
Fuschl am See
174
176
178
152
Unterach am Attersee
Salzburg
Ebenau
Faistenau 116
130 132 134
St. Gilgen 136 138 140
A8
Elsbethen
Schafbergbahn
Wolfgangsee
156 160 St. Wolfgang
Anif
162 164
Abersee 114
Puch bei Hallein
Krispl
Hintersee
168 Strobl
Adnet
Hallein
A10
Kuchl
159
Golling an der Salzach
162
Gosau 40 42
Obergäu
Rußbach am Pass Gscühtt
Abtenau

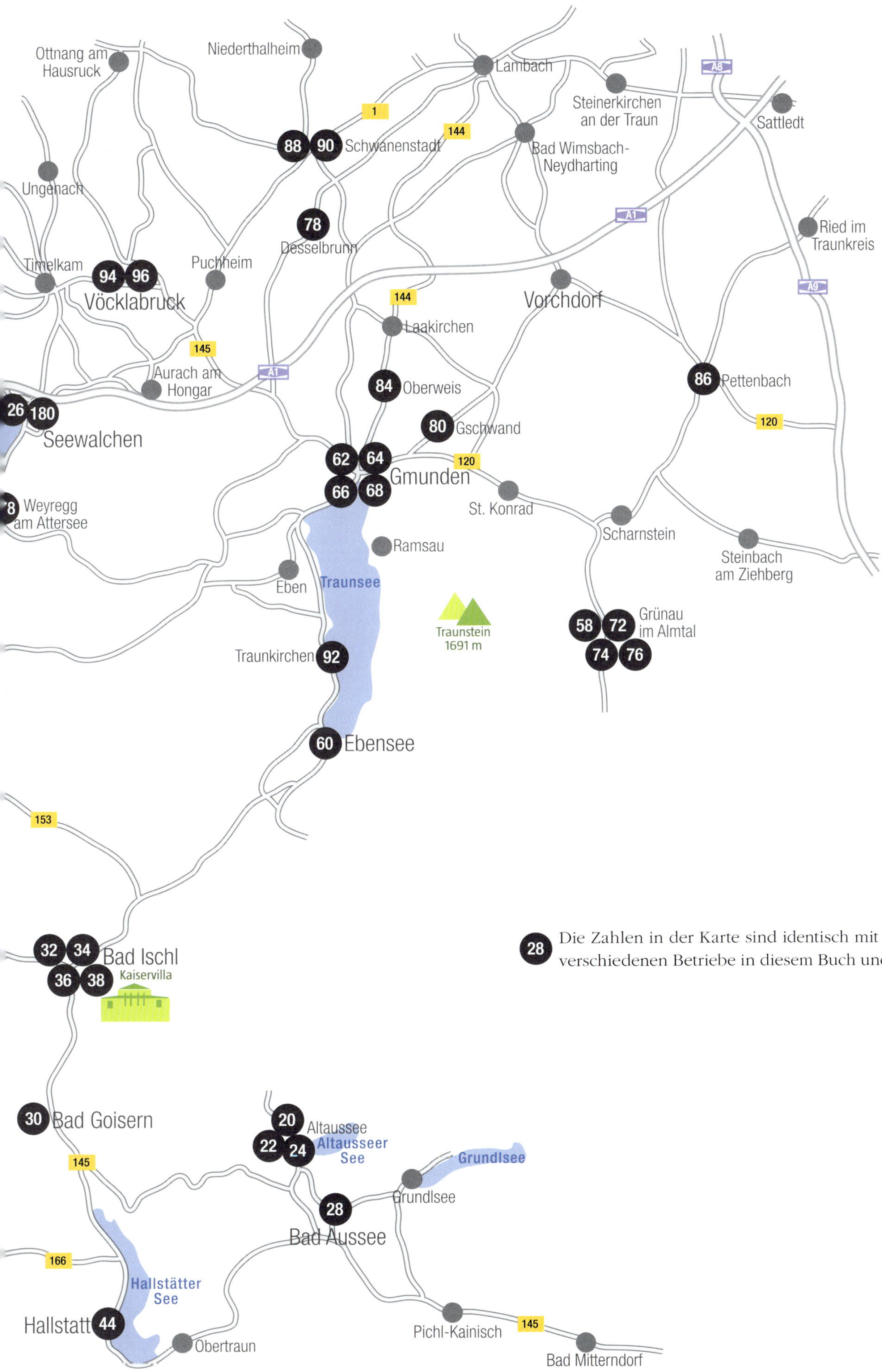

28 Die Zahlen in der Karte sind identisch mit den Seitenzahlen der verschiedenen Betriebe in diesem Buch und zeigen ihre Lage in der Region.

HALLSTATT WURDE 1996 VON DER UNESCO ZUM WELTKULTURERBE ERNANNT.

MEIN SALZKAMMERGUT

Ein sehr persönliches Vorwort

Die große Liebe meiner Kindheit war Peter Alexander. In einer Keksdose sammelte ich jeden Schnipsel über ihn, den ich in den Illustrierten meiner Großmutter finden konnte. Gute Noten wurden mit seiner neuesten Single belohnt. Und dann gab es da noch die Samstagnachmittage, die mich verlässlich mit den Filmen von „Peter dem Großen" versorgten. Eines Nachmittags sah ich Bergkind „Im Weißen Rößl" und Peter Alexander als Oberkellner Leopold Brandmeyer, der sich um seine Chefin Josepha Vogelhuber bemüht und sich eine Abfuhr nach der anderen holt. Eines Tages fährt er mit ihr auf den Schafberg, um sie von ihrem angehimmelten Doktor Siedler zu kurieren, der sich dort mit einer anderen Frau trifft. Das Ende vom Lied: Leopold wird gekündigt, Siedlers Verlobung zerbricht, die Irrungen und Wirrungen nehmen ihren Lauf. Der Punkt für mich war: Leopold liebte Josepha so sehr, dass er ihr die Augen öffnen wollte. Und diese Art von Liebe wollte auch ich erleben und schwor mir, den Wert eines Mannes danach zu beurteilen, ob er mit mir auf den Schafberg fahren würde. Was gar nicht so einfach war, aber das ist eine andere Geschichte.

Als das Bergkind Jahre später in die Nähe des Salzkammergutes zog, entfaltete diese Region ihre Sogwirkung mit ganzer Macht. Schon am „Eingang" des Salzkammergutes, in Fuschl, übernahm die Romantik das Kommando. Schloss Fuschl rief Erinnerungen an die Sissi-Filme wach; Regisseur Ernst Marischka hatte ihr Elternhaus, Schloss Possenhofen, kurzerhand vom Starnberger See an den Fuschlsee verlegt. Unterhalb der Straße glitzerte der See – eine Impression, die man im Salzkammergut immer wieder bekommt, halt mit wechselnden Gewässern.

In Sankt Gilgen ließ ich mich von Mozart und seiner Verwandtschaft einfangen, ging nach Fürberg zum Baden und Essen, fuhr mit dem Dampfer nach Sankt Wolfgang hinüber – und damit in ein anderes Bundesland. Doch hier war ich am Ziel: die Terrasse des „Weißen Rössls", die Schafberg-Bahn, die engen Gassen und der Blick von der Kirche über den See – einzigartig. Doch angekommen war ich noch lange nicht, denn ich wollte mehr.

In Bad Ischl fing mich das Kaiserliche ein, die Villa als Hochzeitsgeschenk an Franzl & Sissi, das nostalgische Ambiente mit den Erinnerungen an ein Österreich, das einmal 21 Millionen Einwohner und sogar Zugang zum Meer hatte. An allen Ecken und Enden trifft man auf Reminiszenzen der österreichischen Obamas und vergisst ganz, dass bei Kaisers auch nicht alles Gold war, was glänzte. Und ich lernte den Zauner-Stollen kennen, eine Spezialität aus zerkleinerten Oblaten, Nougat und Schokolade. Noch heute bekommt meine Oma – eine leidenschaftliche Stollenkonsumentin – jedes Jahr zu Weihnachten diese süße Besonderheit aus dem Salzkammergut unter den Christbaum gelegt.

Südlich von Bad Ischl entdeckte ich den Hallstätter See mit seiner zu jeder Tages- und Jahreszeit spannenden Atmosphäre. Scheint die Sonne, sieht man jedes Detail der bienenwabenartig angeordneten Häuser, die an den Bergwänden zu kleben scheinen oder wahlweise auf Pfählen in den See ragen. Bei schlechtem Wetter oder im Winter scheint hier alles zu schlafen oder sich in die eigenen vier Wände zurückzuziehen. Das Licht ist matt, die Gassen, auch am Ufer entlang, melancholisch und der Weg zur Kirche mit dem benachbarten Beinhaus gleicht einer Schweigeprozession zum eigenen Innersten.

Über den Pötschenpass gelangte ich ins Altausseer Land, die steirische „Dependance" dieser Weltkulturlandschaft. Gerade der richtige Platz für mich an meinem 30. Geburtstag, dachte ich mir damals. Und entdeckte mit Altaussee einen Ort, der für Menschen mit Liebe zu Büchern genau der richtige ist. Nicht nur, dass man hier seinen Geist schweifen lassen kann ob der offenen Anordnung der wunderbaren Häuser und Villen; an vielen Orten diesseits und jenseits des Sees entdeckte ich Kleinigkeiten, die mir ein Gefühl von Heimkommen vermittelten – kein Stress, keine Übertriebenheit, dafür viele Plätze zum Einwurzeln.

Nach Gmunden ging der letzte Ausflug mit meiner Großmutter, bevor das Alter mit gesundheitsbedingten Malaisen sie in seine Finger bekam. Sie war eine leidenschaftliche Verfolgerin der Fernsehserie „Schlosshotel Orth", und auch wenn sie sich heute nicht mehr daran erinnert, bleibt das Seeschlösschen, das im Grunde nicht mehr als ein Restaurant und ein Geschäft beherbergt, untrennbar mit ihr verbunden. Wie auch ein Kurzurlaub am Attersee mit meiner Mutter, der dadurch weiter abgekürzt wurde, weil Oma die Kellertreppen hinab gestürzt war und wir an ihr Krankenbett eilen wollten. Und doch konnte ich auf der Reise für dieses Buch diese Eindrücke immer wieder vergessen, weil mich der Charme der Orte, die nur durch eine schmale Straße vom See getrennt sind, eingefangen hat. Überall würde ich wieder Urlaub machen wollen, überall habe ich Plätze zum Innehalten und Aufsaugen gefunden. Und genau das wünsche ich Ihnen bei Ihrer (kulinarischen) Entdeckungsreise durch Ihr Salzkammergut.

Claudia Dabringer

DURCH DIE HOCHGEZOGENE SPITZE KANN EINE PLÄTTE AN JEDER ERDENKLICHEN STELLE DES ALTAUSSEER SEES ANLEGEN.

DIE „GISELA" IST DER ÄLTESTE RADDAMPFER DER WELT UND VON MAI BIS OKTOBER IM EINSATZ.

KAISERKAMMER

Das Salzkammergut ist ohne die Habsburger undenkbar

Österreich ist ein Land der Kammern. Arbeiter haben eine, die Wirtschaft und die Landwirtschaft ebenso wie die Architekten und die Rechtsanwälte. Doch es gibt auch eine andere Kammer, nämlich jene, die früher ein „Kammergut" war und damit ein Land oder eine Region als Besitz eines Regenten auswies. Die Erträge aus Landwirtschaft, Bergbau und allem, was der Landstrich zu bieten hatte, gingen direkt an ihn und deckten so seine Lebenshaltungskosten. Was aus dem Salzkammergut kam und den Reichtum der Habsburger mehrte, wäre hiermit geklärt.

Beinahe 200 Jahre sind seit dem Fall der Monarchie und dem Verzicht Kaiser Karls I. auf den Kaiserthron Österreichs vergangen. Und doch trifft man das Herrschergeschlecht vielerorts auf Schritt und Tritt. Selbstverständlich in der damaligen Residenzstadt Wien, aber auch dort, wo Kaisers ihre Sommerfrische verbrachten. Vor allem in Bad Ischl urlaubte man gerne, und zahlreiche Geschichten und Legenden belegen die Verbundenheit der Habsburger mit der Stadt. Den „Hype" losgetreten hat Erzherzogin Sophie, die der Nachwelt von Vilma Degischer als Sissis böse Schwiegermutter bekannt ist. Soweit die Mähr. Vor allen Dingen war Sophie eine Frau, die ihrem Gatten Franz Karl unbedingt Thronfolger schenken musste. Nach fünf Fehlgeburten in fünf Ehejahren war sie der Verzweiflung nahe und zog sich zu einer Kur in Bad Ischl zurück. Nach Behandlungen mit dem dortigen Heilwasser, das empfängnisfördernd wirken wollte, gebar Sophie ein Jahr später ihren ersten Sohn Franz Josef und drei weitere „Salzprinzen" in den folgenden Jahren. Der Grundstein für den Kurort Bad Ischl war gelegt.

23 Jahre später wurde dem Flair Bad Ischls noch ein Schuss Romantik zuteil. Denn der inzwischen zum Kaiser gekrönte Franz Josef I. verliebte sich just hier in Bad Ischl in seine bayrische Cousine Elisabeth, genannt Sissi. Den Rest haben die Ernst-Marischka-Filme in Technicolor erzählt, allerdings auf die Liebesgeschichte reduziert. Wer der Frau Elisabeth

näher kommen möchte, sollte die Ischler Kaiservilla besuchen, die Erzherzogin Sophie ihrem Sohn und dessen Frau zur Hochzeit schenkte. Wer eine Führung mitmacht, wird über die vielen Schönheitsrituale der Kaiserin informiert, aber auch über ihre Hobbies, wie das Jagen, das ein beliebter Zeitvertrieb der Royals war.

Kaiser Franz Joseph I. schätzte die Landschaft des Salzkammergutes sehr, liebte die Wälder und Berge und ging mit Vorliebe der Gamsjagd nach. Und mit seiner Vorliebe für den „irdischen Himmel“ kamen auch andere Gäste nach Ischl, viele auch nur deshalb, um einen Blick auf den entspannten Kaiser werfen zu können – in späteren Jahren vielleicht auch in der Hoffnung, ihn bei seinen Spaziergängen zu seiner Freundin Katharina Schratt, einer Schauspielerin, zu treffen. Diese wohnte in der Villa Felicitas, heute im Umgangston „Schratt-Villa“ genannt, wohin es den „Franzl“ täglich zog.

Mit der Romanze zwischen Erzherzog Johann und der Bad Ausseer Postmeistertochter Anna Plochl hat sich eine weitere bittersüße Liebesgeschichte im Salzkammergut zugetragen. Bittersüß deshalb, weil Kaiser Franz Josef zwar um den herzerwärmenden Charme der Region wusste, seinem Bruder aber zunächst verbot, die junge Frau zu heiraten. Sechs Jahre musste Johann warten, bis er die Zustimmung bekam, doch dann zeigte sich „Big Brother“ großzügig. Nachdem Anna Plochl dem Erzherzog 1839 den Erben Franz Ludwig geschenkt hatte, erhob er sie sogar zur Gräfin von Meran.

Unstandesgemäß war auch die Verbindung zwischen Johann Salvator von Österreich-Toskana zu Milli Stubel. Der Besitzer des Seeschlosses Ort in Gmunden, das viele noch aus der Fernsehserie „Schlosshotel Orth“ kennen, sagte sich vom Adel los, heiratete die Schauspielerin und ging unter seinem neuen Namen Johann Orth an Bord eines Segelschiffes in Richtung La Plata. Von der Umsegelung des Kap Hoorns kam er nicht mehr zurück und wurde 1911 für tot erklärt. Sein Schloss ging an Kaiser Franz Joseph I.

DAS KERAMIK-GLOCKENSPIEL IN DER KERAMIK-STADT GMUNDEN „LÄUTET“ VERSCHIEDENE MELODIEN.

MENSCH SEIN DÜRFEN

Altaussee steht für Authentizität – wie der Gasthof zum Hirschen

ALTAUSSEER SEESAIBLING
MIT PETERSIL-ERDÄPFEL
Dieses Rezept finden Sie auf der Seite 46

Hirschen-Wirt Burghard Neumann ist viel in der gastronomischen Welt herumgekommen, bevor er sich in Fischerndorf in Altaussee niederließ. Nicht, dass ihm die Idylle fremd gewesen wäre – viele Saisonen wechselte er zwischen Sankt Moritz und dem Traditionsort im Salzkammergut hin und her. Hier wie dort traf er oft dieselben Menschen, mit dem Unterschied, „dass sie in Altaussee Mensch sein konnten." Und was damals galt, gilt auch heute.

Der Gasthof zum Hirschen ist seit 2001 unter der alleinigen Führung von Burghard Neumann, der seinen Gästen das ursprüngliche Brauchtum und die ehrliche Authentizität vorlebt und so zu ihrem Wohlbefinden beiträgt. „Die Menschen, die nach Altaussee kommen, wollen hier die Seele baumeln lassen", weiß er. Viele Künstler zog es in der Vergangenheit wie heute in diesen Teil des Salzkammergutes; mit ihren Werken trugen sie zum Ruhm der Region bei. Auf ihren Spuren wandeln Urlauber heute nicht nur für wenige Tage, sondern in Sommerfrische-Manier über längere Zeit. Dabei genießen sie im Hirschen die saisonal abgestimmte Küche mit regionalen Produkten, wie dem Ennstaler Rind oder den Fischen aus dem Altausseer See. Und wer sich durch die gesamte, reichhaltige Speisekarte essen möchte, kann gerne in einem der Einzel- und Doppelzimmer oder einer der Junior-Suiten übernachten.

Auch für Feiern ist der Gasthof zum Hirschen ein beliebter Treffpunkt, verfügt das Haus doch über eine der wenigen noch erhaltenen Stuben mit der typischen Vertäfelung und dem flaschengrünen Kachelofen. Im Sommer empfiehlt sich der neu gestaltete Wintergarten, dessen Türen man zum Garten hin öffnen und somit das Innen- mit dem Außenleben verbinden kann.

GASTHOF ZUM HIRSCHEN
Glaser & Neumann GesmbH
Fischerndorf 17, A-8992 Altaussee
Tel. 00 43 (0) 36 22 / 7 13 47
www.hirschen-altaussee.at

Red Bull

FRISCHE, BODENSTÄNDIGE KÜCHE

Im Gasthof Loser gibt's im Sommer typische Volksmusik aus dem Salzkammergut

ZANDER AUF UNGARISCHE ART

Dieses Rezept finden Sie auf der Seite 46

„Ich habe einfach gern mit Menschen zu tun", sagt Alois Gasperl, der Wirt des Gasthofs Loser in Altaussee. 2011 hat er das Traditionshaus übernommen, dessen Schmuckstück ein um die 100 Jahre alter Jugendstil-Hochzeitsofen in der gemütlichen Gaststube ist.

Das Wirtshaus lebt von Karl Gasperls bodenständiger, frischer Küche mit den guten Portionen, von denen wirklich jeder satt wird. Besonders beliebt ist die „Fuhre Mist"; schöne Stücke von Rind, Pute und Schwein werden dabei in einer Schubkarre serviert! Aber auch Forelle und Zander von den Österreichischen Bundesforsten schmecken vorzüglich; wer Forelle und Saibling geräuchert verspeisen möchte, kann das jeden Dienstag gegen Vorbestellung tun. Den speziellen Altausseer Seesaibling bekommt man nur im Juni, Juli und August, ebenfalls bei Reservierung.

Übernachten kann man auch im Gasthof Loser; im zweiten Stock hat man einen wunderbaren Blick auf den See sowie die umliegenden Berge wie Dachstein, Trisselwand und Sarstein. Direkt an ein Naturschutzgebiet angrenzend, sind es nur kurze Wege zum See, ins Kurhaus und zum Literaturmuseum, zur Langlaufloipe und zum Gratis-Skibus.

Neben der guten Küche und den ruhig gelegenen Zimmern ziehen im Sommer Walzerabende Einheimische und Gäste gleichermaßen „zum Loser". Für die echte, authentische Volksmusik sind die „Fensageiger" zuständig, eine originelle Truppe, die sich auf die typische Salzkammergut-Musik spezialisiert hat.

GASTHOF LOSER

Alois Gasperl

Fischerndorf 80, A-8992 Altaussee

Tel. 00 43 (0) 36 22 / 7 13 73

www.gasthof-loser.at

ERLEBNIS PLÄTTENFAHRT

Buch & Boot organisiert Genuss, Erkundung und Spaß

Es gibt Menschen, die besuchen Altaussee, wenn alle anderen es auch tun. Und es gibt Menschen, die gerade dann nach Altaussee kommen, wenn die anderen Gäste wieder weg sind. „Außerhalb der Saison ist es ja im Salzkammergut ganz unsagbar schön“, meinte beispielsweise der österreichische Schriftsteller Hermann Broch, der sich im Haus von Altausseer Freunden eingemietet hatte. Wer es ihm gleichtut, hat viel Zeit – zum Erkunden der Umgebung, zum Genießen oder zum Lesen.

Gudrun Suchanek verbindet in ihrer Buchhandlung Buch & Boot alle drei Lieblingsbeschäftigungen eines Urlaubers. Bücherwürmer finden in ihrem geräumigen und trotzdem heimeligen Geschäft vom Bestseller bis zum Literatur-Geheimtipp alles, was lange Stunden kurz macht und den Geist in eine andere Welt versetzt. Schmökern kann man hier ganz wundervoll, in den weichen Polstern des weinroten Sofas oder bei einem Kaffee an der Bar. Für zielgerichtete Leser bietet Gudrun Suchanek ein besonderes Service: Will sich jemand das Gewicht der Urlaubslektüre ersparen, schickt er eine kurze E-Mail mit den Wunschtiteln und holt bei seiner Ankunft diese Bücher dann einfach ab.

Im Grunde ist Buch & Boot viel mehr als eine Buchhandlung, und der Name gibt bereits einen kleinen Hinweis darauf. Denn während Gudrun Suchanek Hermann Hesse und Barbara Frischmuth liebt, gibt es für ihren Gatten Felix nichts Schöneres als Holzboote und Plätten. Der Tischlermeister und Bootsbauer stellt die für das Salzkammergut typischen Holzboote her. Früher wurden mit Plätten Salz, Holz oder Viehfutter transportiert, auch die Fischer nutzten die einzigartigen Boote. Und sogar Erzherzog Johann liebte es, damit über den ruhigen See zu fahren.

Die Fahrt in einer Plätte ist auch heute noch ein Erlebnis – nicht zuletzt wegen ihrer typischen Form. Zu erkennen ist sie vor allem an ihrem langgezogenen Rumpf und dem flachen Boden, mit dem sie auch Ufer anfahren kann, die für „normale“ Boote aufgrund der geringen Wassertiefe nicht mehr erreichbar sind. Das macht sie ideal für Schwimmer, die ruhige Badeplätze suchen. Und wer nicht selbst rudern möchte, kann sich die Plätte mit einem Ruderer mieten. In der Bootsvermietung in Gössl am Grundlsee und am Altausseer See stehen Plätten, Holz-Ruderboote oder Fischerboote zur Verfügung, die man stunden-, tage- und wochenweise mieten kann.

Zu einem exklusiven Erlebnis kann eine romantische Plättenfahrt für zwei oder auch mehrere Personen zum Frühstück oder bei Vollmond werden. Denn die Boote sind mit einem Tisch und Bänken ausgestattet, die für ein Essen der besonderen Art wie gemacht sind. Die Speisen dafür stellt Haubenkoch Manfred Mayer in seinem Genussladen frisch her, kredenzt geräucherten Saibling, Hirschwürste aus dem „Xeis" (steirisch für Gesäuse) oder selbst gemachte Marmelade. Der Frühstücksphantasie sind keine Grenzen gesetzt, und wer gern ein Stamperl Zirbenschnaps oder einen steirischen Apfelfrizzante zum Start in den Tag hätte, bekommt auch das. Die Zutaten kommen von regionalen Lieferanten, die umweltschonend erzeugen und ihre Tiere respektvoll behandeln. Gudrun und Felix Suchanek übernehmen gerne die Organisation dieses Plättenerlebnisses – zu allen gewünschten Anlässen und Tageszeiten.

Wer hinter die Kulissen blicken möchte, kann sogar einen dreiwöchigen Plättenbaukurs belegen. Man arbeitet im Betrieb mit, saugt die Begeisterung mit dem Duft des über fünf Jahre getrockneten Lärchenholzes ein und kann dabei vielleicht bei der Restaurierung eines der außergewöhnlichen Riva- oder Boesch-Boote zusehen. Die Motorboote aus Italien werden nicht mehr hergestellt und entfachen deshalb in vielen Kennern absolute Leidenschaft. Felix Suchanek rüstet sie mit Elektro-Motoren aus, damit sie auch jene Seen befahren können, auf denen Benzinmotoren inzwischen verboten sind.

BUCH & BOOT
Inhaber Gudrun Suchanek
Altaussee 11, A-8992 Altaussee
Tel. 00 43 (0) 36 22 / 7 14 00
www.buch-boot.at

BOOTE SALZKAMMERGUT
Inhaber Felix Suchanek
Altaussee 11, A-8992 Altaussee
Tel. 00 43 (0) 36 22 / 7 14 00
www.boote-salzkammergut.at

HOTEL

DIE GANZ GROSSE LIEBE

Im Hotel Erzherzog Johann feiert sich das Ausseer Land

ROH MARINIERTER SAIBLING MIT SAFRANCREME
UND EINGELEGTEN SCHWAMMERLN
Dieses Rezept finden Sie auf der Seite 47

Mit 26 Jahren verliebte sich Erzherzog Johann, der Enkel Maria Theresias, ins Ausseer Land – und etwas später auch in eine Frau aus Bad Aussee: die Postmeisterstochter Anna Plochl. Ihre Liebe musste viele Hindernisse überwinden, bis die beiden 1829 endlich heiraten durften.

Diese Liebe wird im Hotel Erzherzog Johann innig und herzlich zelebriert. Das Viersternehaus liegt mitten in der historischen Altstadt der „Trachtenhauptstadt" Bad Aussee, trotzdem ruhig und mit weitem Blick über die Dächer hinweg auf die Berge, die der Erzherzog so liebte. Er schätzte das Echte und Unverfälschte, dem man im Hotel auf Schritt und Tritt begegnet. Zum Beispiel dem Zirbenholz, dessen Duft das ganze Haus durchströmt oder Enzian, Rosen oder Lavendel auf den Themenbalkonen der „Blumen- und Kräuterzimmer".

„Gesundheit, Glück und Zufriedenheit" wünschte der Erzherzog seiner Nani. Dieser Segensspruch wird im Hotel unverfälscht und dennoch zeitgemäß umgesetzt. Vor allem im 1000 Quadratmeter großen Spa-Bereich, der sich über zwei Stockwerke erstreckt, mit dem spektakulären SKY-Pool auf der Dachterrasse als Höhepunkt.

Anna Plochl war eine leidenschaftliche Köchin. Ihre Kochkunst lebt in der Küche des Hotels Erzherzog Johann weiter, die so manches Rezept aus ihrem legendären Kochbuch aufgreift. Frisch, ideenreich und regional zaubert Küchenchef Christian Spreitz köstliche Gaumenfreuden auf die Teller.

Die darauf abgestimmte Weinkarte wird von den edlen Gewächsen aus der Steiermark dominiert.

HOTEL ERZHERZOG JOHANN
Direktorin Regina Stocker
Kurhausplatz 62, A-8990 Bad Aussee
Tel. 00 43 (0) 36 22 / 525 07-0
www.erzherzogjohann.at

BRAUKUNST
AUF HÖCHSTER STUF

DIE ZÜNFTIGE SEERAUNZN

Uriges Ausflugslokal auf der Sonnenseite des Hallstätter Sees

TOPFENKNÖDEL MIT MARILLENRÖSTER
Dieses Rezept finden Sie auf der Seite 47

Die Fischerei auf dem Hallstätter See hat eine lange Tradition. Seit man denken kann, wurden hier Hechte und Forellen, Saiblinge und Reinanken aus dem kalten Wasser geholt und zubereitet. Wenn die Fischer ihr Tagwerk vollendet hatten, läuteten sie das Signalhorn, die so genannte Seeraunzn. Dann wusste der Wirt, dass er die Jause für sie herzurichten hatte.

Wer heute die Seeraunzn am Ostufer des Sees zwischen Bad Goisern und Obertraun besucht, wird mindestens genauso herzlich willkommen geheißen wie die Fischer von damals. Wirt Martin Schlattner und seine Frau Irene legen großen Wert auf Freundlichkeit und Servicequalität, aber auch anständige Portionen und das für ein Ausflugslokal typische Jausenangebot. Seine hausgemachte Sulz mit Kernöl etwa macht diesem Anspruch alle Ehre. Auch deftige Schmankerln wie das Wiener Backhenderl im Korb oder die Bierkasnocken mit Röstzwiebeln haben einen Platz auf seiner Karte. Die Reinanken, Forellen und Saiblinge kommen fangfrisch von den österreichischen Bundesforsten und täglich werden zwei Sorten Brot gebacken. Aus dem Ofen kommen aber auch hausgemachte Mehlspeisen, Torten und Strudel.

Praktisch führen alle Wege zur Seeraunzn. Im Sommer halten sechsmal täglich die Schiffe aus Hallstatt, der Ostuferwanderweg führt Fußgänger und Radfahrer am Uferwirt vorbei und die Bahn hält im Zwei-Stunden-Takt bei der nahe gelegenen Station Obersee. Bei Familien ist das Wirtshaus besonders beliebt, weil kein Verkehr die Idylle stört und Kinder einfach nur Kinder sein dürfen. Der schattige Badeplatz bietet an heißen Sommertagen angenehme Abkühlung. Und wenn sich die Sonne aus Hallstatt bereits verabschiedet hat, kann man die milde Abendsonne noch immer auf der sonnigen Seeterrasse genießen. Der Uferwirt mit der urigen Kachelofenstube ist von Mitte April bis Mitte Oktober durchgehend geöffnet.

UFERWIRT SEERAUNZN
Martin Schlattner
Obersee 41, A-4822 Bad Goisern
Tel. 00 43 (0) 6 76 / 4 33 12 63
www.seeraunzn.at

GOLDENEN
HOTEL
GASTHOF zum GOLDENEN OCHSEN
4
LEHAR-STUBE
LEHAR-STUBE

LEIDENSCHAFTLICHE KÜCHE

Im Goldenen Ochsen kommen Produkte von Kleinstbauern auf den Teller

GARNIERTER TAFELSPITZ MIT TRADITIONELLEN BEILAGEN

Dieses Rezept finden Sie auf der Seite 48

Wenn man ein Landgasthaus gegen ein Wirtshaus in einer Bezirksstadt eintauscht, dann ist das nicht nur mit einem Ortswechsel verbunden. Als das Ehepaar Schweiger Ende der 1980er-Jahre den Goldenen Ochsen übernahm, begann es mit dem Aufbau eines Lieferanten-Netzes, das ihnen die Kostbarkeiten vieler so genannter „Häuslbauern" sicherte. Darunter versteht man Kleinstbauern, die eine Landwirtschaft nur im Nebenerwerb, dafür aber mit umso mehr Begeisterung betreiben. „Wir haben Ganslbauern, Jäger und Fischer, die uns ihre Produkte ins Haus bringen. So können wir beispielsweise den Fisch vom Netz auf den Teller bringen", erzählt die Wirtin.

Die Herkunft der Produkte nachvollziehen zu können und selbst das Beste daraus zu machen, ist die Leidenschaft von Hausherr Klaus Schweiger. Er macht seine eigene Blutwurst, zerlegt eigenhändig den Kalbskopf, räuchert Hirschschinken und kreiert Pasteten vom Feldhasen und Wildschwein. Die Köstlichkeiten finden sich auf einer Karte, die echt, ehrlich und an die alte Wiener Küche angelehnt ist. Fast vergessene Schmankerln wie Kalbsbries oder Beuschl finden ihre Liebhaber ebenso wie die selbstgemachten Kuchen und Torten oder Mehlspeisen wie der Scheiterhaufen oder der Kaiserschmarren.

Genossen werden können die Schmankerln in den verschiedenen, gemütlichen Stuben des Goldenen Ochsen. Eine davon ist nach dem österreichischen Komponisten Franz Lehár benannt, der wenige Meter entfernt wohnte und gerne mit anderen Musikern hier einkehrte. Urlauber mit Geschmack können das gerne auch länger tun, denn das Viersternehaus verfügt über 90 Betten in heimligen Zimmern sowie über einen neuen Wellnessbereich mit Hallenbad, Solegradier- und Kneippanlage sowie Sauna, Dampfbad und Duftstation.

HOTEL GOLDENER OCHS
Familie Schweiger
Grazer Straße 4, A-4820 Bad Ischl
Tel. 00 43 (0) 61 32 / 2 35 29-0
www.goldenerochs.at

GEDULD ZAHLT SICH AUS

Preisgekrönte Edelbrände verkosten bei Matthias Gasteiger

Eigentlich ist Matthias Gasteiger ein ungeduldiger Mann, doch wenn es um seine 15 verschiedenen Edelbrände geht, nimmt er sich alle Zeit der Welt. Das sorgfältige Tüfteln und langmütige Abwarten zahlt sich aus. Zahlreiche „Goldene Stamperl" und acht Goldmedaillen für den „Edelbrand des Jahres" bei der internationalen Edelbrand-Gala „Destillata" zieren seine Brände und Liköre. Nötig hätte er diese Ehrungen nicht, denn das, was er als Brenner produzieren darf, wird ihm aus den Händen gerissen. Aber er stellt sich trotzdem der Wahl, will wissen, wo er und seine Brände im Vergleich zu anderen stehen.

Das Obst dafür wächst zum einen im eigenen Garten, zum anderen auf den Wiesen der Umgebung. Dort, wo keiner sich um die alten Sorten wie Speck- und Landlbirne, Bartlmai- und Pichelbirne kümmert, steht Gasteiger mit seinem Korb und sammelt den Rohstoff für seine hochprozentigen Köstlichkeiten. Angefangen mit dem Brennen hat Großvater Bartholomäus, 1990 hat Matthias Gasteiger damit begonnen, sortenreine Destillate herzustellen. Und dabei experimentiert er immer wieder, beispielsweise an einer Cuvée aus Vogelbeere, Trauben- und Vogelkirsche, die bis zum Sommer 2013 zum Verkosten reif sein wird.

Apropos Verkosten. Als Edelbrand-Sommelier gehörte er 2008 zu den Pionieren mit einer solchen Ausbildung. Heute gibt er sein Wissen gerne an Feinschmecker weiter, erklärt ihnen beispielsweise, dass das Destillat bei einer Temperatur zwischen 16 und 18 °C und in einem zylindrischen Glas am besten schmeckt.

Neben den Bränden und Likören stellt Gasteiger auch Essige her, die so kostbar sind, dass man sie nur auf Anfrage bekommt. Ein Tropfen auf dem Handrücken, und schon entfaltet sich das Aroma von Dörrfeigen, Johannis- oder Himbeere. Das nächste Fass ist schon gefüllt, wird aber erst 2017 geöffnet. Geduld muss man haben!

EDELBRÄNDE GASTEIGER
Matthias Gasteiger
Sulzbach 147 (Auweg 73), A-4820 Bad Ischl
Tel. 00 43 (0) 61 32 / 2 33 63

MOJITO
CANTINA

¡HOLA Y BIENVENIDO!

Bad Ischl kann temperamentvoll sein. Der Beweis: das Mojito

FAJITA
Dieses Rezept finden Sie auf der Seite 49

Tacos, Enchiladas, Papas, Asadas, Nachos, Quesadillas – alles, was die mexikanische Küche ausmacht, wird in der Eglmoosgasse in Bad Ischl serviert. Zu erkennen ist das Restaurant schon von außen, wo ein englischer Künstler seine Visionen von „Mechiko" in Farbe gegossen hat, Esel, Gecko und schlafendem Campesino inklusive.

Seit 2010 hat sich Romana Zauner der mexikanischen Küche verschrieben, was dem ehemalige Wirtshaus Sandwirt große Popularität eingebracht hat. Immer wieder entwickelt sie neue Gerichte und beobachtet mit Freude ihren Erfolg. Etwa den der Wraps, die in vier verschiedenen Variationen und mit einer gehörigen Portion Pommes Frites und Salat zu haben sind. Essen kann man sie entweder in der stilvoll gestalteten Raucher- oder Nichtraucher-Gaststube mit Originalrequisiten und im schattigen Gastgarten. Dort lassen sich viele Gäste auch einen der zahlreichen Cocktails schmecken. Unter der großen Auswahl ist vor allem der „Mojitos The Best" zu empfehlen – eine Kreation des Hauses. Gemixt wird er aus Batida de Coco, Mangos, Kokosmilch und Orangen. Muy bien!

Nur fünf Fußminuten vom Stadtzentrum entfernt und trotzdem beschaulich kann man im Haus auch wohnen. Das Hotel Sandwirt verfügt über 27 Doppelzimmer und Einzelzimmer.

MOJITO – DAS MEXIKANISCHE RESTAURANT
Besitzer Romana und Hubert Zauner
Eglmoosgasse 4, A-4820 Bad Ischl
Tel. 00 43 (0) 61 32 / 2 64 03
www.mojito-ischl.at

Augustiner "Edelstoff" die Maß zu
Augustiner "Hell", die Maß zu sensationellen €
Edelstoff aus'm Holzfass! 0,5 für €
Die Augustiner Helle 0,5 3,40

BEISL ALS LEBENSBÜHNE

Das k.u.k. Hofbeisl ist mehr als ein Lokal und in Bad Ischl alternativlos

SCHULTERSPITZ
Dieses Rezept finden Sie auf der Seite 50

Mit dem englischen Wort „cook" hat das k.u.k Hofbeisl wenig zu tun; vielmehr steht die Abkürzung für „kaiserlich und königlich", was zwar die Atmosphäre beschreibt, aber nicht die Philosophie des einzigartigen Lokals. Seit einem Vierteljahrhundert führt Marcus Hofbauer das Hofbeisl, „mit Herzblut", wie er von sich selbst sagt. Für ihn ist es eine Lebensbühne, wo Menschen sich vor seinen Augen entwickeln, verändern, wachsen. Jedes Alter ist im Publikum vertreten, das vor allem die Menschlichkeit des Personals schätzt. „Lass' dem Menschen sein kleines Glück", lautet die Devise, nach der man dem Gast begegnet, an dem man Anteil nimmt.

Zu diesem Glück trägt Hofbauer auch selbst immer wieder bei, etwa wenn er im Sommer seinen Gastgarten für kostenlose Konzerte zur Verfügung stellt. Oder indem er mit seinem „k.u.k. Hofwirt" der Kurstadt eine innerstädtische Gastwirtschaft nach bayrischen Vorbild schenkt, in der sich auch Sissi wohlgefühlt hätte. Und weil ein solches Gasthaus immer auch durch Kommunikation lebt, sprechen Wirt und Wirtin vom „Speakers' Corner der Kaiserstadt". Dass man hier auch hervorragend speisen kann, versteht sich von selbst. Die Klassiker der österreichischen Wirtshausküche wie der gekochte Schulterspitz, die altösterreichischen Krautfleckerln oder das Rindsgulasch mit Butterspatzen harmonieren hervorragend mit dem bayrischen Bier der Münchener Augustiner Brauerei und dem Bayreuther Maisel's Weißbier. Jeden ersten und dritten Freitag im Monat wird deshalb „Edelstoff" aus der bayrischen Landeshauptstadt bei einem musikalischen Weißwurst-Frühstück gezapft. Die Wittelsbacher lassen grüßen, vornehm, mit Stil und viel Geschmack! Und das trifft auch auf „The Catch of the Day" zu, der täglichen Empfehlung, nach der man sich unbedingt erkundigen sollte. Denn wer sich als „Gefühls-, Genuss- und Geschmacksverdichtungspunkt" der Stadt versteht, ist immer für eine Überraschung gut.

K.U.K. HOFBEISL
Inhaber Marcus Hofbauer
Wirerstraße 4, A-4820 Bad Ischl
Tel. 00 43 (0) 61 32 / 2 72 71
www.kukhofbeisl.com

„AUGE GOTTES" AM GOSAUSEE

Der Gasthof Gosausee ist seit jeher ein beliebtes Ausflugsziel

GAMSRAGOUT

Dieses Rezept finden Sie auf der Seite 50

Wenn am Talgrund der Nebel hängt und das Warten auf die Sonne ewig zu dauern scheint, braucht es nur einige Minuten Fahrt entlang des Gosaubaches, um im Himmel anzukommen. Kurz, bevor man die Steigung überwindet, wird es heller; beim Gasthof Gosausee angekommen, ist alles in strahlendes Licht getaucht. Der Weltreisende Alexander von Humboldt hat diesen Ort als „das Auge Gottes" bezeichnet. Und nicht nur er war vom Gosausee begeistert: „Während der Biedermeierzeit gab es hier mehr Maler als Kühe", erzählt Wirt Ehrenfried Vierthaler.

Das südlichste Haus Oberösterreichs liegt direkt am Ufer des klarsten Sees im Salzkammergut und ist seit drei Generationen in Familienbesitz. Hier kann man ganz bei sich sein, den mächtigen Dachstein ungestört von Durchzugsverkehr betrachten und zu Wanderungen, Tauchausflügen, Bootsfahrten oder Skitouren aufbrechen. Vor allem im Winter ist das Gasthaus Gosausee ein Geheimtipp: Der Zugang zum Skigebiet Dachstein West ist nur einen Kilometer entfernt und komfortabel mit dem kostenlosen Pendelbus erreichbar.

Der Gasthof verfügt über 15 Zimmer, viele mit direktem Seeblick, und hat von Weihnachten bis Allerheiligen geöffnet. Besonders beliebt ist ein Ausflug an den See nicht nur wegen des atemberaubenden Panoramas, sondern auch wegen des großen Gastgartens mit 200 sonnigen Plätzen – und Omas Schokotorte, deren Rezept schon viele haben wollten. Doch keiner hat es bislang bekommen, ebenso wenig wie die Anleitung für die Zubereitung des schwimmend gebackenen Kaiserschmarrns, für den der Gasthof Gosausee bekannt ist. Mittagsgäste finden hier traditionelle österreichische Küche mit internationalem Touch. Die Zutaten kommen vielfach aus der Region: „Das Wild beziehen wir aus dem Jagdrevier Zwieselberg, Forelle und Saibling aus Gosauer Zucht", erzählt der Wirt.

GASTHOF GOSAUSEE
Ehrenfried Vierthaler
Gosau 395, A-4824 Gosau
Tel. 00 43 (0) 6136 / 85 14
www.gasthof-gosausee.at

MIT FREUNDLICHKEIT ZUM ERFOLG

Persönliche Betreuung wird im Vitalhotel Gosau ganz groß geschrieben

GESCHMORTES BEEF STROGANOFF
Dieses Rezept finden Sie auf der Seite 51

Zwieselalm, Gosaukamm, Gamsfeld und Plassen – das Vitalhotel Gosau ist umgeben von einem fantastischen Bergpanorama und liegt wunderschön inmitten von Wiesen und Feldern am Ortsrand von Gosau. Im Jahr 2010 hat Richard Praszta das Hotel neu übernommen und zu einem freundlichen und herzlichen Plätzchen gemacht. „Die persönliche Betreuung unserer Gäste liegt uns sehr am Herzen, sie leben praktisch mit und unter uns." Das ist wohl der Hauptgrund, warum das Vitalhotel mit seinen 105 zeitlos eleganten Zimmern, Studios und Familienzimmern in den Monaten seit seiner Wiedereröffnung schon viele Stammgäste gewinnen konnte.

Dieser Erfolg steht auf mehreren Säulen. Eine davon ist die wunderbare Landschaft, die zum Radfahren, Wandern und Skifahren einlädt. Viele Touren führen direkt am Haus vorbei; das Auto kann stehen bleiben. Die Wanderführerin des Hotels zeigt den Bergfexen die Umgebung, Fahrräder stehen zum Verleih bereit. Und die nächste Liftstation der Skiwelt Dachstein West liegt zum Einsteigen nahe.

Entspannung erleben kann man auch in der Vitaloase des Hotels – Badegrotte mit Strandkörben inklusive. Eine finnische Sauna stärkt die Abwehrkräfte, das hauseigene Fitness-Studio die Muskeln. Massagen gehören ebenso zum Wellness-Angebot wie ein Erholungs- und Ruheraum mit beheizten Liegen, wenn man einfach nur lesen will. Und wer sich beim Tennis auspowern möchte, kann das in der hoteleigenen Halle gleich nebenan tun.

Eine weitere Säule des Erfolgs ist die Kreativität des Küchenchefs. Vom Schlemmerfrühstück auf der Terrasse bis zum Themenbuffet am Abend zaubert er Köstlichkeiten auf den Teller, die ihresgleichen suchen. Auf Kinder oder spezielle Wünsche geht er gerne ein, bäckt glutenfreies Brot und nimmt Rücksicht auf Allergien und Unverträglichkeiten.

„Freundlichkeit ist ein Schlüssel, der zu vielen Schlössern passt", schreibt ein deutsches Ehepaar in seinem Dankesbrief. Das Vitalhotel Gosau mit seinen engagierten Mitarbeitern hält diesen Schlüssel ganz fest in der Hand.

VITALHOTEL GOSAU
Geschäftsführer Richard Praszta
Nr. 713, A-4824 Gosau
Tel. 00 43 (0) 61 36 / 88 11-0
www.vitalhotelgosau.at

SEHNSUCHTSORT HALLSTATT

Denkmalgeschützt genießen im Heritage Hotel Hallstatt

Das älteste Seil, die älteste Stiege, der älteste Handschuh, der älteste Rucksack – die 7000-jährige Geschichte von Hallstatt ist reich an Superlativen. Aber vor allem ist der kleine Fleck zwischen Salzberg und See ein Sehnsuchtsort. Ferdinand Georg Waldmüller hat hier gemalt, Adalbert Stifter fand die Idee zu seinem „Bergkristall" bei einem Spaziergang durch den Ort und auch der Architekt Clemens Holzmeister ließ sich durch die eindrucksvolle Landschaft inspirieren. Gestern wie heute locken im Sommer die Wellen, Boote und Berge. Im Winter kann man sich hier verkriechen, auf den sanft schaukelnden See blicken und ungestört die Ruhe genießen.

Einer der besten Plätze dafür ist das Heritage Hotel Hallstatt, das sich als „Basiscamp" für Touren durch die an Sehenwürdigkeiten überreiche Region versteht. 54 Zimmer, teils direkt am See, teils mit atemberaubendem Ausblick übers Wasser sind auf drei denkmalgeschützte Häuser verteilt. Eines davon ist das Haus Stocker, dessen Grundmauern im 13. Jahrhundert errichtet wurden und dem der Salzbergfels als Teil des Treppenhauses dient. Das ehemalige Gemeindemuseum und älteste Haus Hallstatts ist seit 2009 ein kuscheliges Hideaway. Die beiden anderen Dependancen des Heritage Hotels Hallstatt, Kainz und Seethaler, haben als ehemalige Pensions- und Gastbetriebe eine einschlägige Geschichte. Die Zimmer des Hauses Seethaler verfügen über die so typischen Ischler Holzbalkone oder -verandas, das Haus Kainz liegt direkt am See.

HALLSTÄTTER HEIDELBEERKUCHEN

Dieses Rezept finden Sie auf der Seite 51

Kein Seehotel ohne Terrasse, auf der man genüsslich frühstücken und in der warmen Jahreszeit speisen kann. Während vielerorts die typische Ausflugsküche regiert, kredenzt Küchenchef Siegfried Polz frisch gefischte Saiblinge und Forellen aus dem See, aber auch geräucherte Entenbrust auf Blattsalaten. Saison und regionale Herkunft der Produkte leiten seine kulinarische Inspirationen. Konditorin Elisabeth steuert die kreativen Kuchen- und Tortenideen bei (siehe Rezept).

HERITAGE HOTEL HALLSTATT
Direktor Peter Scheutz
Landungsplatz 101, A-4830 Hallstatt
Tel. 00 43 (0) 61 34 / 2 00-36
www.hotel-hallstatt.com

REZEPTE

ALTAUSSEER SEESAIBLING MIT PETERSIL-ERDÄPFELN

Gasthof zum Hirschen, Seite 20

ZUTATEN FÜR 2 PERSONEN

1 Saibling (450 g), ausgenommen, 1 Zitrone, 1 Spritzer Worcestersauce, Mehl zum Schwenken, 30 g Butter, Salz, Pfeffer

ZUTATEN BEILAGE

3 mittelgroße Erdäpfel, 10 g frische Petersilie, gehackt, 10 g Butter

ZUBEREITUNG

Saibling innen salzen und pfeffern, Saft einer halben Zitrone und Worcestersauce hinein träufeln. Außen in Mehl wälzen. Butter heiß machen und Saibling darin scharf anbraten, bis die Haut knusprig ist. Die Flamme reduzieren und den Fisch mehrmals wenden. 10 bis 12 Minuten braten lassen.
Erdäpfel in Salzwasser gar kochen, Butter in einer Pfanne schmelzen und die Kartoffeln darin schwenken. Zum Schluss die frische Petersilie über die Erdäpfel streuen und als Beilage zu dem Saibling servieren.
Dazu passt ein gemischter Blattsalat.

UNSER WEINTIPP:

Grüner Veltliner „Wachtberg“ 2011, erste Lage, Weingut Salomon Undhof, Stein an der Donau

ZANDER AUF UNGARISCHE ART

Gasthof Loser, Seite 22

ZUTATEN FÜR 4 PERSONEN

4 Zanderfilets, 8 Scheiben Gouda, 20 g Butter, 20 g Mehl, 200 ml Milch, 1/2 grüne Paprika, 1/2 Tomate, etwas Öl zum Anbraten, Paprikapulver, Salz, Pfeffer

ZUBEREITUNG

Zanderfilets mit Salz und Pfeffer würzen und kurz anbraten. Für den Belag Butter schmelzen, Mehl unterrühren und mit Milch aufgießen. Mit Salz, Pfeffer und Paprikapulver würzen. Die klein geschnittene Paprika und die Tomate unterrühren und aufkochen lassen.
Belag auf Zanderfilets streichen und je zwei Blatt Gouda-Käse darauf legen. Bei 220 °C Oberhitze ins Rohr schieben und gratinieren, bis der Käse geschmolzen ist. Mit Bandnudeln servieren.

Dazu passt ein Flamberg Welschriesling des steirischen Weinguts Schneeberger mit seinen Aromen von Steinobst und Kräutern.

SAIBLING ROH MARINIERT MIT SAFRANCREME UND EINGELEGTEN SCHWAMMERLN

Hotel Erzherzog Johann, Seite 28

ZUTATEN FÜR 4 PERSONEN

1 Saibling (400 g), filetiert, 1 Prise Meersalz, etwas Koriander, 2 EL Honig, etwas Pfeffer, 1 kleiner Bund Dill, 3 EL Olivenöl

SAFRANCREME

1 rohe Kartoffel, 200 ml Gemüsefond, 4 EL Sonnenblumenöl, ein wenig Safran, Salz

EINGELEGTE SCHWAMMERL

50 g Zucker, 50 ml Essig, 250 ml Fond, 300 g Schwammerl, 2 kleine Schalotten, Salz und Pfeffer

ZUBEREITUNG

Das Fischfilet mit der Hautseite auf eine flache Unterlage geben und mit einem scharfen Messer das Filet von der Haut lösen. Das Fleisch in feine Scheiben schneiden, mit den Gewürzen einreiben und 15 Minuten ziehen lassen.
Für die Safrancreme eine rohe Kartoffel in kleine Würfel schneiden. Mit Gemüsefond, Sonnenblumenöl und Safran weich kochen. Anschließend pürieren und mit etwas Salz abschmecken.
Für die eingelegten Schwammerl Zucker karamellisieren und mit Essig und Fond aufgießen. Die Schwammerl mit den Schalotten kurz darin blanchieren und mit Salz und Pfeffer abschmecken. Danach die Schwammerl mit dem Sud in ein Marmeladenglas geben und erkalten lassen.
Beim Anrichten die Schwammerl und den Saibling nebeneinander auf ein flaches Teller geben. Die Safrancreme mit einem Löffel daneben platzieren. Zum Verschönern kann man noch ein paar Blüten oder fein gehackten Dill über die Schwammerl streuen.
Am besten wird dazu frisch getoastetes Weißbrot serviert.

TOPFENKNÖDEL MIT MARILLENRÖSTER

Uferwirt Seeraunzn, Seite 30

ZUTATEN FÜR 4 PERSONEN

TOPFENKNÖDEL

100 g weiche Butter, 5 ganze Eier, 1 kg Topfen, 225 g Brösel, 50 g Zucker, 50 g Semmelbrösel, etwas Butter, 1–2 EL Kristallzucker

MARILLENRÖSTER

1 kg Marillen, halbiert ohne Kern, 200 g Zucker, 125 ml Wasser, Marillenbrand, ein bißchen Rum, etwas Zitronensaft

ZUBEREITUNG

Für die Topfenknödel Butter schaumig rühren, nach und nach Eier beigeben und zu einer cremigen Masse rühren. Löffelweise Topfen und Brösel unterheben und mit dem Zucker abschmecken. Knödel formen und circa 15 Minuten im nicht kochenden Wasser ziehen lassen. Danach Butter in Pfanne erhitzen, Semmelbrösel beigeben und goldbraun rösten. Kalt werden lassen, ein bis zwei Esslöffel Kristallzucker beigeben und die Knödel in der Mischung wälzen.
Für die Marillenröster alle Zutaten zusammen mit 125 Milliliter Wasser in einen Topf geben und circa 20 Minuten köcheln lassen.
Statt der Marillen können auch Zwetschken verwendet werden.

Tipp: Wenn man Magertopfen verwendet, sollte man ihn vorher in ein Baumwolltuch einwickeln, zubinden und ausdrücken. Dadurch verliert der Topfen seine Flüssigkeit und die Knödel fallen beim Kochen nicht auseinander.

REZEPTE

TAFELSPITZ GARNIERT MIT TRADITIONELLEN BEILAGEN

Hotel Goldener Ochs, Seite 32

ZUTATEN FÜR 4–6 PERSONEN

1 Tafelspitz (ca. 2 kg, mit heller Fetteindeckung), 1 Pckg. Suppengemüse, 2–3 Lorbeerblätter, Wacholder- und Pfefferkörner, 1 Prise Bad Ischler Salz

SCHNITTLAUCHSAUCE

100 g Weißbrot, entrindet, 200 ml Milch, 2 Eidotter, gekocht, 2 Eidotter, roh, 2 EL frischer Schnittlauch, fein geschnitten, 400 ml Pflanzenöl, Bad Ischler Salz, Essig, weißer Pfeffer, etwas Estragonsenf, 1 Prise Zucker

APFELKREN

4 Äpfel (säuerlich, z.B. Elstar, Granny Smith, Boskop), 100 g Zucker, 2–3 EL Zitronensaft, 1 Prise Bad Ischler Salz, 3-4 EL Kren (frisch gerieben – je nach Schärfe und Geschmack)

ZUBEREITUNG

Für den Tafelspitz einen großen Topf mit kaltem Wasser aufstellen, die Gewürze hineingeben und aufkochen lassen. Tafelspitz von Sehnen und Häuten befreien, Fetteindeckung aber belassen. Sobald das Wasser zu sieden beginnt, Fleisch hinzugeben und bei mittlerer Hitze zwei Stunden köcheln lassen. Zwischenzeitlich das Suppengemüse klein schneiden und nach einer Stunde zum Fleisch geben.
Tafelspitz in Scheiben schneiden, auf vorgewärmten Tellern anrichten, etwas Suppe angießen und mit Salz sowie Schnittlauch bestreuen.
Für die Schnittlauchsauce Weißbrot in kalter Milch einweichen und gut ausdrücken. Gekochte Eidotter mit dem Weißbrot fein passieren, rohe Dotter und alle Aromastoffe beigeben. Mit dem Mixer unter ständiger Beigabe von Öl eine sämige Sauce erzeugen. Den Schnittlauch erst kurz vor dem Servieren unter die Masse ziehen.
Für den Apfelkren auf Wiener Art die Äpfel schälen, entkernen und fein reiben und sofort mit etwas Zitronensaft verrühren. Zucker, Zitronensaft, Salz und Kren gut verrühren und abschmecken.
Alternativ-Tipp: Die Äpfel schälen, entkernen, in Würfel schneiden und in wenig Wasser, Zitronensaft und Zucker zugedeckt und weich dünsten. Anschließend passieren und nach dem Auskühlen mit Kren, etwas Öl und Salz verrühren.

Zu Tafelspitz, Schnittlauchsauce und Apfelkren passen Cremespinat, Röstkartofferl, Rahmgemüse und Rote-Rüben-Salat.

FAJITA

Mojito – Das mexikanische Restaurant, Seite 36

ZUTATEN

FAJITAFLADEN (FÜR 6–7 FLADEN)

300 g Weizen- oder Dinkelmehl, Salz, 4 EL Sonnenblumenöl, 100 ml Wasser

FÜLLUNG FÜR 1 PORTION

150 g Hühnerbrustfilet- oder Rindsfiletstreifen, 200 g Gemüse der Saison (Zucchini, Paprika, Zwiebel, Karotten, Weißkraut, Zuckermais, Kohlrabi), etwas Pflanzenöl, Salz, Cayenne-Pfeffer, granulierter Knoblauch, Schafskäse, geriebener Käse (z.B. Cheddar, Emmentaler und Gouda) nach Belieben

GUACAMOLE

2 reife Avocados, 2 frische Chili-Schoten, 1 Tomate, gewürfelt und entkernt, Koriander, granulierter Knoblauch, Salz und Cayenne-Pfeffer

SAUERRAHMSAUCE

1/2 Becher Sauerrahm, 1/2 Becher Topfen, 2 Knoblauchzehen, Salz

Salsa

1 Tomate, entkernt, 1 Paprika, 1 Zwiebel, 3 Knoblauchzehen, Koriander, Rosmarin, Thymian, Salbei, Zucker, eventuell Ketchup

ZUBEREITUNG

Das Mehl mit Salz, Öl und Wasser zuerst mit den Knethaken des Handrührgeräts, dann mit den Händen zu einem glatten Teig verkneten und 30 Minuten ruhen lassen. Den Teig in vier Portionen teilen, zu dünnen Fladen ausrollen und den Backofen auf 100 °C (Umluft 80 °C ; Gas Stufe 2) vorheizen. Die Pfanne ohne Zugabe von Fett erhitzen. Die Tortillas nacheinander bei mittlerer Hitze auf jeder Seite etwa eine Minute backen. Die fertigen Tortillas in ein leicht feuchtes Tuch schlagen und in Alufolie gewickelt im Backofen warm halten.

Das Gemüse in mundgerechte Stücke schneiden und in einer tiefen Pfanne oder im Wok in Öl anbraten. Mit Pfeffer, Salz und Knoblauch würzen und bis zur gewünschten Bissfestigkeit garen.

Das Fleisch eine Stunde in Öl mit Gewürzen einlegen. Eine gusseiserne Pfanne sehr heiß werden lassen. Fleisch kurz auf beiden Seiten anbraten (zwei bis drei Minuten).

Für die Guacamole Avocados fein hacken, Gewürze zugeben und mit Schneebesen vermischen.

Für die Sauerrahmsauce Sauerrahm und Topfen mit dem gehackten Knoblauch und Salz mischen und verrühren.

Gemüse für die Salsa klein hacken, anbraten und kochen lassen. Gewürze und eine Prise Zucker beifügen und kochen lassen, bis eine cremige Sauce entstanden ist. Wer es süßer mag, verwendet noch einen Spritzer Ketchup.

Gegessen werden Fajitas folgendermaßen:

Man streicht die Saucen auf den Fladen, fügt Fleisch und Gemüse hinzu und streut den Käse darüber. Dann rollt man das Brot zusammen und beißt hinein!

REZEPTE

SCHULTERSPITZ

k.u.k. Hofbeisl, Seite 38

ZUTATEN FÜR 4 PERSONEN

1,5 kg Schulterspitz, 1 kg Suppengemüse (Sellerie, Karotten, Lauch, Zwiebel(schale)), 1,5 kg speckige Kartoffeln, 400 g frischer Blattspinat, 350 g Knödelbrot, 100 g Obers, frischer Kren nach Geschmack, 50 g Butter, 8 Wacholderbeeren, 12 Pfefferkörner, 8 Lorbeerblätter, etwas Kümmel, Majoran, Salz, Pfeffer gemahlen

ZUBEREITUNG

In einem Topf Wasser zum Kochen bringen, das Fleisch mit dem Suppengemüse und Wacholder, Pfefferkörnern und Lorbeer einlegen, nicht kochen, sondern nur ziehen lassen. Wenn das Fleisch weich ist, herausnehmen, Suppe abseihen und mit Salz abschmecken.

Für die Röstkartoffeln Kartoffeln in Salzwasser kochen, in dünne Scheiben schneiden und in Butter gut braun anbraten. Nach dem Wenden etwas fein geschnittene Zwiebel und Gewürze (Salz, Pfeffer, Kümmel und Majoran) hinzugeben und ordentlich durchrösten.

Blattspinat waschen und ungekocht in eine Pfanne mit zerlassener Butter geben. Etwas Suppe dazu und warten, bis er zusammenfällt. Mit Salz und Pfeffer abschmecken.

Für den Semmelkren Knödelbrot mit gleichen Teilen Suppe und Obers vermischen und erwärmen, sich eine cremige Masse ergibt. Zum Schluss den frisch gerissenen Kren dazu geben und mit Salz und Pfeffer abschmecken.

Beim Servieren den Semmelkren immer extra anrichten!

GAMSRAGOUT

Gasthof Gosausee, Seite 40

ZUTATEN FÜR 4 PERSONEN

1 kg Gamsschulter, 250 g Wurzelwerk (Karotten, Sellerie, Petersilienwurzel, Gelbe Rüben), 100 g Zwiebel, 50 g Bauchspeck, 2 Lorbeerblätter, 8 Wacholderbeeren, 10 Pfefferkörner, 1 Zweig Rosmarien, 3 Zweige Thymian, 500 ml Rotwein, 100 g Sauerrahm, Wasser oder Rindssuppe, etwas Senf, Preiselbeermarmelade, Wildgewürz (Kotany oder Wiberg), Öl, Salz, Suppenpulver

ZUBEREITUNG

Würfelig geschnittenes Gemüse, Speck und Zwiebel mit Öl in einem heißen Topf anschwitzen, bis das Gemüse eine leichte braune Farbe hat. Kräuter und Wildgewürz beigeben und mit dem Rotwein ablöschen. Alles aufkochen lassen. Dann das würfelig geschnittene Fleisch (wie bei einem Gulasch) dazu geben und wieder aufkochen lassen. Mit Wasser oder Rindssuppe bedecken und langsam köcheln lassen, bis das Fleisch weich ist. Mit einer Fleischgabel „umstechen" (Fleisch von der Sauce trennen). Sauerrahm und Senf in die Sauce geben, alles fein pürieren und durch ein Sieb passieren. Sauce aufkochen und eventuell binden, Fleisch dazu, mit Preiselbeeren, Salz und Suppenpulver (alles nach Geschmack) abschmecken und „g'kocht is".

Als Beilage eignen sich Semmel- oder Serviettenknödel, Kroketten, Kohlsprossen und Rotkraut.

Tipp: Dieses Gericht kann auch mit anderen Wildfleisch-Sorten zubereitet werden.

Die Gelbe Rübe ist eine Verwandte der Karotte und hat eine gelbe Farbe. Die Form ist dieselbe.

BEEF STROGANOFF GESCHMORT

Vitalhotel Gosau, Seite 42

ZUTATEN FÜR 4 PERSONEN

600 g mageres Rindfleisch, 1 Zwiebel, 2 TL Paprika edelsüß, 2 EL glattes Mehl, 1 Schuss Weinbrand, 500 ml Rindssuppe, 125 ml Schlagobers, 1–2 Essiggurkerl, Champignons, Steinpilze oder Pfifferlinge nach Belieben, Öl, Butter, etwas Zucker, etwas Rindssuppenpulver, Salz, Pfeffer

NOCKERL

150 g griffiges Mehl, 3 Eier (Klasse 1, Größe 2), Salz, Muskat

ANRICHTEN

1 Löffel Sauerrahm, etwas Petersilie

ZUBEREITUNG

Rindfleisch zuputzen und fein blättrig schneiden. Mit Salz, Pfeffer und etwas Rindssuppenpulver würzen. Öl in Butter erhitzen und das Rindfleisch mit Streifen einer halben Zwiebel in heißem Fett braun anbraten. Paprika und Mehl zugeben und kurz mitrösten. Mit einem Schuss Weinbrand ablöschen, etwas Zucker beifügen und mit der Rindssuppe aufgießen. Unter ständigem Rühren einreduzieren lassen und immer wieder mit Wasser aufgießen, bis das Fleisch weich und mürbe ist (circa 20 Minuten). Schlagobers einrühren, danach in Streifen geschnittene halbe Zwiebel und Essiggurkerl oder Pilze beigeben und nochmals aufwallen lassen.

Für die Nockerl alle Zutaten zu einem glatten Teig verrühren und in gesalzenes Wasser mit einem Nockerlhobel einkochen, bis die Nockerl aufschwimmen. Abseihen und mit kaltem Wasser abschrecken. Vor dem Anrichten in zerlassener Butter schwenken.

Fleisch und Nockerl mit einem Löffel Sauerrahm und gehackter Petersilie auf einem angewärmten Teller servieren.

HALLSTÄTTER HEIDELBEERKUCHEN

Heritage Hotel Hallstatt, Seite 44

ZUTATEN

250 g Margarine, 250 g Staubzucker, 4 Eier, 1 TL abgeriebene Schale einer unbehandelten Zitrone, 1 TL Vanillezucker, 600 g Mehl, 1 TL Backpulver, 2 kg Heidelbeeren (vorzugsweise tiefgekühlt), 350 g Zucker, 2 EL Saftbinder (Stärke), ersatzweise Maizena, 10 Eiklar, steif geschlagen

ZUBEREITUNG

Margarine und Zucker schaumig schlagen. Nach und nach die vier Eidotter hinzugeben und Zitronenschale sowie Vanillezucker unterrühren.

Mehl und Backpulver unter die Teigmasse heben. Die vier Eiklar steif schlagen und ebenfalls unterrühren.

Heidelbeeren mit Zucker und Saftbinder unter den Eischnee von zehn Eiklar heben und auf den vorgebackenen Teig geben. Nun den Kuchen rund 50 Minuten fertig backen und auskühlen lassen.

Mit Staubzucker bestreut servieren.

Tipp: Achten Sie auf die Saftigkeit der Früchte. Je saftiger die Heidelbeeren sind, umso mehr Saftbinder sollten Sie verwenden.

INSELARTIGE VERMOORUNGEN UND AUSGEDEHNTE ERLENBRUCHWÄLDER AM NORD- UND SÜDUFER
PRÄGEN DAS ERSCHEINUNGSBILD DES ALMSEES.

IM WANDEL

Seit dem 19. Jahrhundert hat sich das Salzkammergut über die Jahre „ausgedehnt“

Jedem sein Salzkammergut, könnte man meinen, wenn man einen Salzburger, einen Oberösterreicher und einen Steirer nach einer geografischen Einordnung dieses Begriffes sucht. Und doch haben alle recht – zumindest nach der aktuellen Ansicht. Die hat nicht immer gegolten. Denn bis 1850 verstand man gemeinhin unter dem Salzkammergut den Besitz der Grundherrschaft Wildenstein, der „nur“ 680 Quadratkilometer groß war. Dazu gehörten schon damals Hallstatt/Obertraun, Bad Ischl und Ebensee, Bad Goisern und Lauffen.

Dabei hätte man es besser wissen müssen. Der Historiker Michael Kurz hat sich tief in alte Lexika vergraben, um nach geografischen Definitionen des Salzkammergutes zu suchen. In einem Werk aus dem Jahr 1791 wurde er fündig. Dort wird es als „ein mit Gebirgen und Seen ganz umschlossener Ort“ beschrieben, „in welchem die allgemein bekannten oberennsischen, an Salz trächtigen Berge gelegen“ sind. Nach der damaligen Ansicht grenze es im Norden an das Hausruckviertel, im Nordosten an den Traunsee sowie im Südosten und Süden an die Obersteiermark. Im Südwesten stoße es an Salzburg und im Westen wieder an das Hausruckviertel.

Knapp 100 Jahre später legte sich der Brockhaus schon auf 2350 Quadratkilometer fest. 16 Prozent davon gehören laut Lexikon der Steiermark, 12 Prozent dem Salzburger Land und 72 Prozent zu Oberösterreich. Und heute? Das Blättern in Lexika ist altmodisch geworden, schließlich gibt es heute Wikipedia. Die virtuelle Enzyklopädie spricht von 54 Gemeinden, die „Salzkammergut“ als Marke tragen dürfen, lässt sich aber auf keine genauen Quadratkilometerzahlen ein.

Hier deutet es sich schon an: Verändert hat das Salzkammergut und seine geographischen Umrisse nämlich der Tourismus. Ausgelöst von der Sommerfrische der Habsburger, strömten immer mehr Erholungssuchende in die Region. Allein im Tourismusjahr 2011/2012

suchten rund 1,2 Millionen Menschen hier nach Entspannung. Spitzenreiter unter den oberösterreichischen Salzkammergut-Gemeinden war Bad Ischl, gefolgt von Sankt Wolfgang und Gosau. Interessant: Bad Ischl ist jene Gemeinde, die NICHT an einem der vielen Seen liegt. Sollten die über 70 größeren und kleineren Seen vielleicht doch nicht der ganz große Urlauber-Bringer sein?

Kaum vorstellbar, wenn man an einem der vielen Ufer sitzt und das Plätschern der Wellen in sich aufsaugt. Zu unterschiedlich ist der Charakter der Seen. Der Traunsee, Österreichs tiefster See, liegt am Fuße des Traunsteinmassivs, ist im Osten nahezu unzugänglich, im Westen sanft und ausgedehnt. Der Attersee ist der größte See Österreichs und für seine Künstlerkolonien bekannt. Der Mondsee gilt als das Tor zum Salzkammergut und als See für aktive Sportler, wohingegen sein „Bruder“, der Irrsee, unter Naturschutz steht. Ebenfalls geschützt ist der Gosausee mit seinem prächtigen Dachsteinpanorama. Nur wenige Kilometer weiter liegt der Hallstättersee, an dem sich schon vor 7 000 Jahren Menschen niederließen. Jenseits des Pötschenpasses, bereits auf steirischem Gebiet, liegt glasklar-durchsichtig der Altausseer See. Aufgrund seiner Farbe wird er auch das „dunkelblaue Tintenfass“ genannt. Und gleich daneben ruht der Grundlsee, mit einer Fläche von fünf Quadratkilometern der größte See der Steiermark und als das „Steirische Meer“ bezeichnet. Auf Salzburger Seite locken der Wolfgangsee mit seiner traditionellen Schifffahrt und der Fuschlsee mit seinem Fischartenreichtum. Und das sind nur die Größten.

Ein Urlaub ist kaum ausreichend, um diese Region bei einem einzigen Aufenthalt kennen zu lernen. Zu unterschiedlich sind die Impressionen zwischen der Salzburger Stadtgrenze und dem steirischen Ennstal. Doch gerade das ist das Schöne an diesem Fleckchen Erde: Man kann immer wieder kommen, immer wieder Neues entdecken und sich immer wieder auf Bekanntes freuen. Denn an Hallstatt, Bad Ischl oder Altaussee kann man sich einfach nicht sattsehen. Probieren Sie es aus!

DER SCHAFBERG – VOM MONDSEE AUS BETRACHTET

DREI SÄULEN DES WOHLBEFINDENS

Das Erlebnis für Geist, Körper und Seele heißt Land.Gast.Hof

MOSTBRATL MIT KARTOFFELN UND STÖCKLKRAUT

Dieses Rezept finden Sie auf der Seite 98

Der Land.Gast.Hof Schaiten ist mehr als ein Wirtshaus. Er ist ein Abenteuer, das vor allem Familien zielstrebig ansteuern sollten. Denn bei Sonnenschein können sie dabei ein kleines Paradies erkunden, das seinesgleichen sucht.

Die Punkte zwischen Land, Gast und Hof sind mehr als nur schick und modern. Sie unterteilen das Wort in drei Säulen, auf denen dieses Wirtshaus, eines der ältesten Österreichs, steht. 2007 wurde es umgebaut, um luftige Veranstaltungssäle für 180 Personen erweitert und mit einem gemütlichen Weinkeller versehen, in dem der Wein sachgemäß im Regal lagert.

Die erste Säule ist die Liebe zum Land. Von jedem Winkel des Anwesens blickt man auf die ursprüngliche Pracht des Almtales, der Bach fließt am Haus vorbei und die Küche arbeitet mit regionalen Nahversorgern. Daraus entstehen klassisch-österreichische Gerichte mit saisonaler Prägung.

Die zweite Säule ist der Gast, der sich wohl fühlen soll – und gar nicht anders kann. Denn der Land.Gast.Hof bietet mit seinen zwei Stüberln und einer kleinen Bar ein wohliges Ambiente für Jedermann. Im Weinkeller finden Wein- und Käseverkostungen statt, die für Gruppen ab sechs Personen abgehalten werden. Und wer eine „Outdoor"-Party feiern will, kann das im Salettl tun.

Das weitläufige Gelände ist die dritte Säule des Land.Gast. Hofs Schaiten. Man kann Grillpakete bestellen und an der fertig hergerichteten Feuerstelle Wunschgerichte zubereiten. Man kann sich einen Picknick-Korb zusammenstellen lassen und unter dem großen Nussbaum oder am Fischteich verspeisen. Die Kinder tummeln sich zwischen den vielen Tieren oder klettern über die Holztürme. Gemeinsam kann man Boccia spielen oder knitteln – eine Sportart, die mit einer Holzkeule gespielt wird und dem Eisstockschießen ähnelt. Die Seele baumeln lassen – dafür ist der Land.Gast.Hof in Schaiten wie geschaffen.

LAND.GAST.HOF SCHAITEN

Betreiber: Ing. Johann Drack

Schaiten 3, A-4645 Grünau

Tel. 00 43 (0) 76 16 / 2 07 12

www.schaiten.com

TEMENTO
GREEN
TEMENT/S.ST.
1/8
ST.MAGDALENER
VERNATSCH
MURI/BOZEN/S.TIROL
1/8

ANDERS ESSEN AM TRAUNSEE

Alpin-mediterran speisen mit heimischen Produkten im Tiki Taki

In Ebensee gehen die Uhren ein bisschen anders – zumindest im Tiki Taki. Der frühere Pavillon für die Werkskapelle der Saline wurde 1972 von einem Uhrmacher in eine Cafe-Bar umgewandelt und „Parkcafé" genannt. Da dieser Uhrmacher allerdings den Spitznamen „Tiki Taki" hatte, blieb dieser Name hängen.

Winfried Wimberger hat bei seiner Übernahme 1996 aus dem ehemaligen Café ein Tageslokal gemacht, das mit seinen Spezialitäten den Spagat zwischen Wirtshaus und Haubenlokal locker schafft. Die Einflüsse aus Winfried Wimbergers Küche sind vielfältig, werden von ihm als eine Mischung zwischen alpin-mediterran, asiatisch und amerikanisch beschrieben. Und die Burger, von denen es fünf verschiedene Variationen mit heimischen Fleisch und Brot gibt, sollte man sich auf keinen Fall entgehen lassen. Asiatisch angehaucht sind die Kokos-Curry-Suppe, das Mittelmeer schimmert in den Salaten oder bei den Miesmuscheln durch. Und wer um jeden Preis bodenständige Traunsee-Küche kosten will – die Reinanke und der Riedling werden frisch aus dem Wasser gezogen, und auch Forelle und Saibling stammen aus heimischen Gewässern. Dazu getrunken wird einer der fünf bis sechs offenen Rot- und Weißweine aus Österreich, ein kühles Bier oder ein gespritzter Bio-Obstsaft der oberösterreichischen Marke Hasenfit. Wer an Zöliakie leidet, ist im Tiki Taki besonders gut aufgehoben, denn alle Speisen ohne Gluten sind gekennzeichnet.

Den einstigen Pavillon haben Wimberger und seine Lebensgefährtin sukzessive erweitert und im Jahr 2000 mit einem hellen und luftigen „Außenring" neu gestaltet. Dieser gehört ganz den Nichtrauchern, während die Raucher im Innersten nahe der Bar sitzen. Sie ist vor allem am Wochenende und vor Feiertagen eine beliebte Anlaufstelle für „Partypeople". Im Sommer trifft man sich im Gastgarten mit Blick auf den angrenzenden Spielplatz, gerne auf ein Stück hausgemachten Kirschen-, Apfel-, Topfen- oder Zwetschkenstrudel.

CAFE BAR RESTAURANT TIKI TAKI
Winfried Wimberger
Hauptstraße 31, A-4802 Ebensee
Tel. 00 43 (0) 61 33 / 70 14
www.tiki-taki.at

das bier
Eggenberg

TRADITION AM SEEUFER

Seit 1883 fühlt man sich im Seehotel Schwan zu Gmunden willkommen

GRATINIERTES ZANDERFILET AUF SAUTIERTEN PILZEN UND DREIERLEI PAPRIKASAUCEN

Dieses Rezept finden Sie auf der Seite 99

Michael Nöstlinger ist Wirt in der sechsten Generation, und das mit einer Leidenschaft zu Tradition und Moderne gleichermaßen. Sein Ur-Ur-Urgroßvater hat das Seehotel Schwan 1883 gegründet und damit die Basis für eine Institution in Gmunden geschaffen. Freundlichkeit ist hier noch eine ehrliche Zier, der Familie liegt das Wohlbefinden ihrer Gäste am Herzen.

Das Hotel schafft den Spagat, den anspruchsvolle Urlaubsgäste und aufmerksame Einheimische fordern. Das Traditionshaus liegt direkt am See und gleichzeitig im Herzen der Stadt. Die Natur ist ebenso nah wie das lebendige Treiben einer gewachsenen Stadt mit Geschäften, Sehenswürdigkeiten und Lokalen. Wer in einem der 35 zeitlos eleganten Einzel- und Doppelzimmer des Seehotels Schwan unterschlüpft, blickt auf Traunstein und Grünberg, auf Rathausplatz und Schiffe. Auch wenn man bei solch einer Lage leicht ohne fahrbaren Untersatz auskommt – für das Auto ist sowohl bei der Gepäckentladung als auch beim Parken gesorgt, denn für die nahe gelegenen Garage erhält der Gast im Hotel verbilligte Tickets.

Vom Restaurant aus kann man den Weg der Schwäne ebenso verfolgen wie das Geschehen auf dem Rathausplatz. Und die Küche ist seit Jahren gleichbleibend gut, was die Einheimischen als ganzjährige „Restaurantkritiker" bestätigen. Früher stand Michael Nöstlingers Großmutter am Herd und hat die bodenständigen Gerichte wie Gulasch oder Beuschl kreiert, die heute noch ein kulinarischer Evergreen sind. Seit Harald Fürst als Küchenchef waltet, hat sich das Angebot um einfallsreiche Leichtigkeit und geschmackliche Neuentdeckungen erweitert. Zelebriert werden diese auf der saisonal ausgerichteten Spezialitätenkarte oder bei raren Degustationsmenüs. Fragen Sie nach – vielleicht sind Sie ja zur richtigen Zeit am richtigen Ort!

SEEHOTEL SCHWAN
Besitzer Familie Nöstlinger
Rathausplatz 8, A-4810 Gmunden
Tel. 00 43 (0) 76 12 / 6 33 91
www.seehotel-schwan.at

LEDERGWAND AUS MEISTERHAND

Eine Lederhose von Andreas Paschinger – mit Liebe zum Detail

Seit über 40 Jahren fertigt die Säckler-Familie Paschinger Ledergwand aus Hirsch- und Rehleder. Echt und langlebig kann diese aber nur aus Meisterhand sein. „Wir nähen beispielsweise alle Strapazstellen doppelt", sagt der Profi. Ein Säckler weiß auch, wie er die Einzelteile richtig zuschneidet und welches Stück Leder er wofür am besten verwendet.

Traditionsechtheit hat auch etwas mit der Gerbung zu tun. „Bei der Sämischgerbung ist keine Chemie, wie zum Beispiel Chrom drin, sondern nur natürliches Fett", weiß Andreas Paschinger. Das macht das Leder allergikerfreundlich und atmungsaktiv. „Im chemisch gegerbten Leder schwitzt man, auch wenn es dünn ist", versichert der Experte. Machen Sie den Test! Blasen Sie durchs Leder Ihrer Hose. Kommt die warme Luft auf der anderen Seite raus, ist sie sämisch gegerbt.

Der Gerber trägt die Naturfarben übrigens nur an der Oberfläche auf. Damit nützt sich die Farbe am Kleidungsstück langsam ab und eine individuelle Patina entsteht. Das funktioniert bei chemisch gegerbtem Leder nicht. Es wird leider speckig.

Jede Region hat ihren Stil. Die Industrie nimmt darauf kaum Rücksicht. Eine kurze Lederhose im Salzkammergut hat zum Beispiel runde Leistl und einen eckigen Messersack. An den Seiten zieren sie vier Knöpfe. „Wir sticken meist Blumen, wobei unsere Vorlagen uralt sind", sagt Paschinger. Handstickereien werden über die Jahre übrigens immer schöner – „wie ein Relief", schwärmt er. Was ihn aber besonders freut, ist die Tatsache, dass den Jungen die echte Tracht wieder gefällt, wobei Tradition und Moderne einander nicht widersprechen. „Ich habe auch meine Schlapfen zur Ledernen an und verkaufe auch gerne mal ein buntes Hemd dazu", lacht der Meister.

Die Paschingers fertigen meistens nach Maß, aber es ist auch immer etwas am Lager. Fahren Sie doch mal spontan zum Paschinger! Frei nach dem Motto: „Entdecke, worin du steckst!" Außerdem können Sie sich dort von Kopf bis Fuß voll ausstatten. Das gilt übrigens auch für moderne Jacken und Mäntel, auch in Lammfell.

LEDERBEKLEIDUNG PASCHINGER
Inhaber Andreas Paschinger
Am Graben 1, A-4810 Gmunden
Tel. 00 43 (0) 76 12 / 6 45 40
www.leder-paschinger.at

WO MAN MENSCH SEIN DARF...

Im Seegasthof Steinmaurer werden aufmerksamer Service und Ehrlichkeit groß geschrieben

MOSTBRATEN MIT SPÄTZLE
Dieses Rezept finden Sie auf der Seite 98

Als „Tafern in Weyr" wurde der Seegasthof Steinmaurer um 1740 erstmals beschrieben. Heute steht an gleicher Stelle ein Dreisternehaus, das diese Tradition pflegt und aufmerksame Gastfreundschaft lebt. Seit der Wende zum 20. Jahrhundert ist es ein Familienbetrieb, der in der vierten Generation von Stefanie und Michael Mayr geführt wird. „Ehrlichkeit ist uns ein Anliegen", sind sich die beiden einig und haben das Haus liebevoll mit Erinnerungsstücken dekoriert. Jedes für sich erzählt eine spannende Geschichte – fragen Sie nach der Holzkugel, die gegenüber der Bar hängt und lassen Sie sich überraschen!

Diese Aufrichtigkeit beginnt bei der Atmosphäre, die von Besuchern als herzlich und wohlwollend empfunden wird. Die Mitarbeiter kennen „ihre" Stammgäste namentlich, wissen Bescheid über ihre Vorlieben und Besonderheiten. Wer zum ersten Mal kommt, erlebt den „Wow"-Effekt eines Sterne-Betriebes, der mehr als das zu bieten hat. So können Hausgäste beispielsweise ihre Halbpension-Mahlzeiten tagsüber jederzeit à la carte bestellen. Gerne wird dabei auf persönliche Befindlichkeiten wie Allergien oder Lebensmittel-Unverträglichkeiten Rücksicht genommen. Sogar eine eigene Glutenfrei-Speisekarte gibt es! Einheimische kommen gerne auf ein Beuschl oder ein Gulasch vorbei, das es hier immer schon gegeben hat. Der Fischer liefert Saibling und Forelle noch persönlich an, und auch die anderen Zutaten kommen von österreichischen Zulieferern, die auf der Speisekarte auch aufgelistet und damit für den Gast nachvollziehbar sind.

Wer in einem der 15 Nichtraucherzimmer mit Allergiker-Bettwäsche wohnt, ist nur wenige Schritte vom Traunsee entfernt und damit mitten drin im Wassersport. Wer nur zum Frühschoppen, für ein gutes Essen oder zu einer Familienfeier kommt, genießt den umfassenden Service, bei lauem Wetter den „schönsten Gastgarten des Salzkammergutes" (Oberösterreichische Nachrichten) unter Kastanienbäumen oder einfach das Gefühl, ganz bei sich sein zu dürfen.

SEEGASTHOF UND HOTEL STEINMAURER
Familie Mayr
Traunsteinstraße 23, A-4810 Gmunden
Tel. 00 43 (0) 76 12 / 7 04 88
www.steinmaurer.at

WELTMEISTERKÄSE ZUM KOSTEN

Gmundner Milchprodukte beeindrucken die ganze Welt

Saftige Kräuterwiesen, reine Luft und himmlische Ruhe – so stellt man sich das gesunde Leben auf einer Alm vor. Die Kühe, die unter solch idyllischen Bedingungen grasen können, geben die beste Milch. An nahrhaften Weiden ist das Salzkammergut reich. Die 3000 Bauern, die an Gmundner Milch liefern, entlassen ihre Kühe in die „Sommerfrische" und erhalten dafür ein edles Naturprodukt.

Milchwirtschaft und Käseerzeugung haben im Salzkammergut eine lange Tradition. Schon 1390 wurde Käse als Zahlungsmittel an das Nonnenkloster in Traunkirchen urkundlich erwähnt. Bis zu zwölf Käselaibe mussten die Bauern von April bis September jeden Sonntag als Pacht für Grund und Boden abliefern. 1931 schlossen sich 40 Landwirte aus Altmünster und Traunkirchen zur Molkereigenossenschaft Traunsee zusammen, 1952 wurde die Gmundner Molkerei von Ebensee nach Gmunden verlegt. Heute liefern 3000 Bauern aus Oberösterreich und den angrenzenden Gebieten in Salzburg und Niederösterreich ihre Rohmilch an den Traunsee.

Jeden Tag holen Milchsammelwagen die frische Milch bei den Bauern ab und liefern sie innerhalb kürzester Zeit nach Gmunden. Der Vorteil: Die Kühlkette bleibt intakt, die Umwelt wird geschont. 900 000 Liter stehen dann zur Verarbeitung an und werden zu Käse und Butter, Joghurt und Schlagobers. Gemäß dem International Food Standard IFS wird die Herstellung streng reglementiert und genauestens kontrolliert. Und die Produkte sind überprüfbar gentechnikfrei. Das bedeutet, dass von der pflanzlichen Produktion über die Zusatzfütterung der Kühe bis zur Verarbeitung und Auslieferung keine gentechnisch veränderten Produkte verwendet wurden. Sowohl Milchbauern als auch Verarbeitungsbetriebe und Futtermittelindustrie werden ständig kontrolliert.

Eine Studie des Landes Oberösterreich und der Kepler-Uni Linz belegt, dass Landwirte knapp einen Monat pro Jahr weitgehend unentgeltlich für Pflege und den Erhalt der Kulturland-

TOPFENNOCKERL AUF SCHWARZBEERSAUCE
Dieses Rezept finden Sie auf der Seite 100

schaft aufwenden. Und dieser besonnene Umgang mit den natürlichen Ressourcen schlägt sich in der Qualität der Produkte nieder. Alle sind mit dem AMA-Gütesiegel ausgezeichnet. Und das ist nicht nur in Österreich ein gutes Zeichen, es wird auch in immer mehr anderen Ländern geschätzt. Die Exporte der Gmundner Milch gehen in über 15 Länder weltweit, darunter nach Südafrika, China und in den Irak. Internationale Hauptabsatzquelle ist Italien, gefolgt von Deutschland, der Schweiz und Ungarn.

Vor allem die Spezialitäten von Gmundner Milch sind sehr gefragt. Denn die Produkte werden regelmäßig mit höchsten Ehren bedacht. Vor allem der „Traunkirchner Raclette" wird seit Jahrzehnten immer wieder mit Preisen gewürdigt. Zuletzt gewann er bei der Käse-WM im amerikanischen Wisconsin die Silbermedaille. Weltmeister wurden auch der sechs Monate lang gereifte „Gmundner Berg Premium" und der „Traunstein König" mit seinem Walnussaroma. Geräuchert gibt es den Gmundner Käse auch, ebenso wie mit Trüffel und Steinpilzen, Chili und Paprika sowie Alpenkräutern.

Gmundner Milch will bei Kindern möglichst früh ein Bewusstsein für die Schätze der heimischen Natur schaffen und führt sie an deren Herkunft und guten Geschmack heran. Im Kindergarten tritt das „Kaasperltheater" auf und erzählt, wie die Löcher in den Käse kommen. Schulklassen können auf den Höfen der Milchbauern erleben, welchen Weg die Milch von der Kuh ins Supermarktregal nimmt. Apropos: die Produkte von Gmundner Milch gibt es sowohl in den Lebensmittelmärkten als auch bei Bäckereien und Metzgereien. Ausgewählte Gastronomie-Betriebe servieren eine „Gmundner Milch-Käseplatte".

GMUNDNER MILCH REG.GEN.M.B.H.
Geschäftsführer Mag. Michael Waidacher
Theresienthalstraße 16, A-4810 Gmunden
Tel. 00 43 (0) 76 12 / 7 82-0
www.gmundner-milch.at

VON WIESELN UND FORELLEN

Familiärer Forellengenuss in der Wieselmühle in Grünau

FORELLE „MÜLLERIN“
Dieses Rezept finden Sie auf der Seite 100

Seit den 1950er-Jahren schwimmen Forellen in den Gewässern der Wieselmühle, die ihren Namen von den wendigen Kleinmardern hat, die es früher zuhauf am Hof gab. Seit damals ist der Forellenhof in Familienhand und für seine Forellengerichte weitum bekannt.

Dass es den Forellen gut geht in der Wieselmühle, ist offensichtlich. Zum einen schwimmen sie in natürlichen Teichen, die von eigenen Quellen gespeist werden. Bereits in jungem Alter lernte Hans Buchegger, die Forellen bei ihrer Entwicklung vom Laich zum ausgewachsenen Fisch optimal zu begleiten. Wenn er sie füttert, ist es jedes Mal eine wahre Freude, zu sehen, wie wohl sich die Forellen in dem glasklaren Wasser fühlen und nach dem Futter schnappen. Da die Forellen nicht alle gleich schnell wachsen, müssen sie im Laufe ihres Lebens einige Male sortiert werden. In der Wieselmühle haben die Forellen zwei bis drei Jahre Zeit, um ihren natürlichen Wachstumsprozess zu durchlaufen.

Und das schmeckt man dann auch. Die Forellen aus der Wieselmühle zeichnen sich durch ihre kernige, feste Konsistenz aus. Verarbeitet werden sie frisch aus dem Wasser, in der Pfanne knusprig gebraten mit Mandeln, Kürbiskernen, mit Knoblauch oder vom Grill, frisch geräuchert oder sehr delikat „in blau“. Es gibt auch eine große Auswahl an anderen Gerichten, wenn jemand keinen Fisch essen möchte.

Wegen der guten Forellen kommen viele Stammgäste zur Wieselmühle und wohnen auch hier. 20 Zimmer bieten einen atemberaubenden Blick auf Wasser, Totes Gebirge, Kasberg und Zwillingskogel sowie einen liebevoll angelegten Garten samt solarbeheiztem Pool. Bei trübem Wetter kann man im hauseigenen Hallenbad mit Gegenstromanlage plantschen. Am Ufer des zwei Hektar großen Weihers ankern Ruderboote. Mit den Fahrrädern des Hauses kann man die Umgebung erkunden, wunderschöne Wanderwege führen direkt am Forellenhof vorbei. Und in Blickweite lockt der Kasberg als beliebtes Ski- und Ausflugsgebiet für die ganze Familie.

FORELLENHOF WIESELMÜHLE
Familie Johann Buchegger
Landstraße 73, A-4645 Grünau im Almtal
Tel. 00 43 (0) 76 16 / 82 50
www.wieselmuehle.at

BESINNLICHKEIT MIT BUCH

Nachhaltig wohnen und essen im Bibliotel und Gasthof Jagersimmerl

MEDAILLONS VOM HIRSCHRÜCKEN IN WACHOLDERSAUCE MIT BLAUKRAUTSTRUDEL

Dieses Rezept finden Sie auf der Seite 102

Ruhe und Natur – das findet man im Überfluss im und um den Gasthof Jagersimmerl im hinteren Almtal. Wer wie die Wirtsleute Andrea und Christian Bergbaur mit der Natur lebt, schätzt die Tradition, achtet die Umwelt und geht mit ihren Ressourcen schonend um. Die Verwendung regionaler Erzeugnisse ist selbstverständlich, das eigene Wasserkraftwerk und die eigene Forstwirtschaft liefern die Energie für das Haus.

Der Gasthof aus dem 18. Jahrhundert schafft mit seinen Holztäfelungen und Kachelöfen eine gemütliche Atmosphäre und ist für seine Gastfreundschaft und Gourmetfreuden bekannt. Die Gerichte Andrea Bergbaurs strahlen leichte Bodenständigkeit aus. Pommes frites sucht man vergeblich, Convenience-Produkte sind tabu. Großteils stammen Hirsch, Gams, Wildschwein und Reh aus dem eigenen Revier, Bachforelle und Saibling aus dem Teich hinter dem Haus. Die Kreativität der passionierten Köchin vermag manch traditionellem Gericht eine neue, modernere Note zu verleihen – begleitet von Weinen mit österreichischem Schwerpunkt und abgerundet durch eine interessante Schnapskarte mit über 50 Destillaten, vom Bauern- bis zum Edelbrand.

Als Mitglied der Bibliotels hat der Gasthof sein Angebot auf Erholungssuchende und Buchliebhaber abgestimmt. Neben den zehn Zimmern spiegelt die Ausstattung des gesamten Hauses die Handwerkskunst des Hausherrn und Tischlermeisters sowie die Liebe zum Detail der Gastgeberin wider: liebevoll gefertigte Möbel, natürlicher Blumenschmuck, handbestickte Kissen, die großzügig und heimelig gestaltete Wintergarten-Bibliothek. Apropos Lesen: Dazu gehört etwa, dass man sich im Vorhinein die gewünschte Lektüre aussuchen kann und sie bei der Ankunft im Zimmer findet. Oder man bekommt von den Bergbaurs einen der vielen Leseplätze in der Umgebung empfohlen – Picknick-Korb inklusive.

GASTHOF JAGERSIMMERL
Andrea und Christian Bergbaur
Habernau 6, A-4645 Grünau im Almtal
Tel. 00 43 (0) 76 16 / 85 05
www.jagersimmerl.at

VORSPRUNG DURCH RÜCKZUG

Im Hochberghaus auf 1200 Metern Seehöhe vergisst man den Alltag

HOCHBERGHAUS KAISERSCHMARRN
Dieses Rezept finden Sie auf der Seite 101

Menschen, die die Hektik des Alltags hinter sich lassen wollen und die ruhige, entspannte Atmosphäre der Berge suchen, sind am Hochberghaus genau richtig. Weit und breit nichts als Natur, Stille und Genuss – klingt das himmlisch für Sie? Dann nichts wie rauf auf den Kasberg im Almtal!

Im Sommer kann man das Hochberghaus mit dem Auto über eine sechs Kilometer lange, asphaltierte Mautstraße anfahren, die für Gäste gratis zu benützen ist. Dabei kommt man am weltweit einzigen DU-Stein vorbei. Hermann Hüthmayr hat dieses Denkmal gesetzt, damit man die 1000-Meter-Marke nicht übersieht und sich so auch tatsächlich dem alpenländischen Motto „Ab 1000 Meter sagt man DU zueinander“ anpasst.

200 Meter weiter ist die Ruhe greifbar, denn die nächste Alm liegt 30 Fußminuten entfernt. Auf der Aussichtsterrasse kann man über den Dingen stehen, zu sich selbst finden und den elitären Standort genießen.

Im Hochberghaus zu essen, ist ein Erlebnis. Wer hier einkehrt, schätzt vor allem die vielen Pfandl-Gerichte. In der Pfanne werden nicht nur die rustikalen Kasnocken oder das Blunzn-Gröstl serviert, sondern auch das Almtaler Weidelamm oder der Kaiserschmarren. Mit Blick auf den Traunstein und das Almtal schmecken die Köstlichkeiten, etwa Wildschwein, Hirsch, Gams und Reh aus eigener Jagd, gleich doppelt so gut.

Gruppen sind übrigens herzlich willkommen. Das Hochberghaus ist die erste österreichische Klausuralm und für naturnahe Teamerlebnisse wie geschaffen.

Im Winter bringt die Gondel Übernachtungsgäste zum Hochberghaus mitten im Skigebiet. Sie können gleich mit den Brettln abfahren und das Gepäck per Ski-Doo nachliefern lassen. Unmittelbarer kann Urlaub nicht anfangen!

HOCHBERGHAUS
Inhaber Hermann Hüthmayr
Kasberg 1, A-4645 Grünau im Almtal
Tel. 00 43 (0) 76 16 / 84 77
www.hochberghaus.at

DIE CHEFIN KOCHT SELBST

Spektakuläre Aussichten und perfekt gezapftes Bier im Landgasthof Kastenhuber

LACHSFORELLENFILET AUF EIERSCHWAMMERL-RISOTTO UND BLATTSALAT
Dieses Rezept finden Sie auf der Seite 101

Dort, wo früher die Traun zwölf Meter wild in die Tiefe stürzte und sich Flößer mit Salz oder Holz von Bad Ischl bis nach Linz und über die Donau bis nach Ungarn bewegten, steht der Landgasthof Kastenhuber. Seit dem Bau des Kraftwerkes ist es dort weniger spektakulär, dafür aber viel idyllischer. Von der Panorama-Terrasse des Gasthofs sieht man auf den Feuerkogel, die Traun und den Chorinskystein, der an die Flößer erinnert.

Seit 1750 steht an dieser Stelle ein Wirtshaus, seit mehr als 100 Jahren ist es im Besitz der Familie Kastenhuber. Waren es früher hauptsächlich die Arbeiter, die während des Umladens der Fracht einkehrten und Pause machten, kommen heute Wanderer und Radfahrer, die entlang des R4-Traunradweges unterwegs sind. Auch Taucher, die Barsche, Hechte, Huchen und Karpfen unter der Wasseroberfläche sichten, kehren gerne ein.

Sie alle schätzen die Küche von Chefin Margit Kastenhuber, die schon als kleines Mädchen um die Töpfe schlich und für die es das Schönste ist, „wenn die Leute zufrieden sind." Ihre Spezialität ist der gegrillte Rostbraten, den sie mit Schinken, Käse, Speck und Zwiebeln füllt. Aber auch die heimischen Fische wie der Saibling liegen ihr am Herzen. Das ganze Jahr über wird saisonal gekocht. Nach altem Familienrezept entstehen Spezialitäten wie Hascheeknödel und Beuschl, im Sommer steht zusätzlich die hausgemachte Sulz auf der Karte – selbstverständlich alles aus Produkten der Region.

Ihr zur Seite steht Rudolf Kastenhuber, viermaliger Landesmeister im Bierzapfen. Wer in der rustikalen Gaststube oder im großen Speisesaal Platz nimmt, dem erklärt er gerne, woran man ein perfekt gezapftes Bier erkennt und warum der Genuss Teil des Geschmacks ist. Er passt vollendet zu den bodenständigen und gutbürgerlichen Gerichten seiner Gattin, an denen sich auch Hausgäste laben, die in einem der acht Doppelzimmer geruhsame Tage verbringen können. Auch Freizeitsportler, die im Winter Eisstock schießen oder kegeln, sind jederzeit willkommen.

LANDGASTHOF KASTENHUBER
Besitzer Familie Margit und Rudolf Kastenhuber
Viecht 8, A-4693 Desselbrunn
Tel. 00 43 (0) 76 73 / 60 36
www.kastenhuber.at

WIRTSHAUS MIT HERZBLUT

Familiäre Gastfreundschaft mit Liebe zur Region am Rabesberg

GEEISTE ESTERHAZYSCHNITTE AUF HIMBEERRAGOUT

Dieses Rezept finden Sie auf der Seite 104

Am Fuße des Alpenvorlandes thront das Landgasthaus Rabl auf einem der vielen landschaftlich typischen Hügel mit Aussicht auf den Traunstein. Der schöne Vierseithof, dessen Geschichte bis ins 16. Jahrhundert zurückgeht, gehört in der fünften Generation der Familie Bergthaler. „Neben dem Wirtshaus betreiben wir auch die eigene Landwirtschaft – und das ist beiderseits ein Vorteil, denn Gastfreundlichkeit und Verbundenheit mit der Natur gehen somit Hand in Hand", sagt Peter Bergthaler.

Mit der Bewirtung von Wanderern und Stammgästen begannen 1975 die Großeltern. „Peter und Theresia Bergthaler, meine Eltern, übernahmen 1984 den Hof und damit auch die Gast-, Land- und Forstwirtschaft. Wir haben von klein auf die große Liebe unserer Eltern für das, was sie tun, miterlebt". Seit 2008 führen Erika & Peter das Gasthaus in diesem Sinne weiter.

Die regionale, saisonale, köstliche Hausmannskost, die von Küchenchef Rudi Wampl seit über 20 Jahren zubereitet wird, stammt zu einem Großteil aus der eigenen Landwirtschaft. Der Hof „produziert" Fleisch von Ochsen, Schweinen und Wild. Das ofenfrische Hausbrot und die Bauernkrapfen sind die Spezialität der Seniorchefin. Die Chefin Erika dekoriert die Gasträume zu allen Jahreszeiten und verzaubert dabei die Gäste mit ihren ausgefallenen und floristischen Ideen. Aus dem eigenen Obstgarten kommen Most, Schnaps, Äpfel, Birnen, Zwetschgen, Marillen und Kirschen. Die Ansprechpartnerin für die abwechslungsreiche, spezielle Auswahl an Desserts ist Peters Schwester: „Ihre Kreativität kennt keine Grenzen", sagen die Wirtsleute.

Die Rabl-Familie lebt für die Gastlichkeit! Doch sie weiß auch, dass das Leben nicht nur aus Arbeit besteht. Am liebsten genießt sie jeden freien Moment mit ihren vier Kindern.

Ein Tipp für Kunstinteressierte: In den Gasträumen können die zeitgenössischen Aquarelle von Theresia Bergthaler bewundert und auch erworben werden.

LANDGASTHAUS RABL
Familie Bergthaler
Rabesberg 42, A-4816 Gschwandt
Tel. 00 43 (0) 76 12 / 6 26 20
www.gasthaus-rabl.at

Urtyp
SEIT 1858
Edelweiss
HOFBRÄU
Weißbier
ÖSTERREICHISCHE BRAUTRADITION
Zipfer
Urtyp
GEBRAUT MIT NATURHOPFEN
SEIT 1858
Premium-Qualität
EIN GLAS HELLER FREUDE
ALPENFRISCHER GENUSS
Edelweiss
HOFBRÄU
Weißbier
1064C.707:09
08. 2012

DAS IST BIERVIELFALT!

In der Zipfer Brauerei werden mehr als 15 Sorten Bier gebraut

Vorausschauend sein und dabei die Grenzen immer wieder ein bisschen erweitern – der Gründer von Zipfer Bier hat das Motto 1858 vorgegeben. Als Bankier erwarb Franz Schaup eine Liegenschaft in Frankenburg, der Nachbargemeinde von Zipf. Dabei hörte er von den finanziellen Schwierigkeiten der örtlichen Brauerei, die er daraufhin kurzerhand ersteigerte. Zwei Monate später lagen die Pläne für einen Neubau vor, und ähnlich tatkräftig bestimmte er in den folgenden Jahrzehnten die Zukunft der Zipfer Brauerei und der kommenden Generationen.

Ob es technische Innovationen wie die künstliche Kühlung oder die Einführung der ersten elektrischen Industriebahn war – Zipfer Bier war der Konkurrenz immer einen Schritt voraus. Ende der 1960er-Jahre ersetzten erstmals leichte Kunststoffkästen die sperrigen Holzkisten, und das Bier wurde in Aluminiumfässer gefüllt. Zehn Jahre später kam der erste 6er-Träger auf den Markt, und auch mit den 5-Liter-Partyfässern traf die Brauerei bei heimischen Biertrinkern ins Schwarze.

Geschmacklich hat sich die Brauerei ebenfalls nie auf ihren Lorbeeren ausgeruht und holt das Beste aus den heimischen Rohstoffen heraus. 60 bis 70 Prozent des Hopfens kommen aus dem Mühlviertel! Mehr als 15 Sorten hat die Brauerei in ihrem Portfolio – da bleibt kein Geschmackswunsch unberücksichtigt. Ein Bier aus Zipf passt zu beinahe jedem Anlass und Gericht. Das feinherbe Zipfer Pils macht als Aperitif Lust aufs Essen, zur Vorspeise passt ein spritziges Edelweiß Hefetrüb. Selbst Weinkenner werden überrascht sein, wie gut das aromatische, vollmundige Edelweiß Hofbräu zu gegrilltem Fisch und das Zipfer Urtyp zu Geflügel passt. Zu Gebackenem schmeckt das klassische Zipfer Märzen, zu Rustikalem das röstaromatische Edelweiß Dunkel. Und wer Lust auf Süßes oder Käse hat, probiert dazu einen Edelweiß Gamsbock.

Unter fachkundiger Anleitung des Braumeisters können die Biere bei einer Führung durch die Zipfer-Welt verkostet werden; Anmeldung erbeten!

ZIPFER BIER
Inhaber Brau Union Österreich Aktiengesellschaft
Zipf 1, A-4871 Neukirchen an der Vöckla
Tel. 00 43 (0) 7 32 / 69 79-0
www.zipfer.at

STEAKS AUS ÖSTERREICH

Der Wirt am Bach serviert heimische Qualität mit großer Herzlichkeit

STEAK AUF DEM BANDNUDELNEST
MIT EIERSCHWAMMERLN
Dieses Rezept finden Sie auf der Seite 103

Vorsicht Kurve! Wer einen Tisch oder ein Zimmer beim Wirt am Bach reserviert hat, muss reaktionsschnell sein. Denn genau in einem Straßenknick der Straße in Richtung Gmunden steht der Wegweiser zum Betrieb der Naderers. Seit 20 Jahren sind Claudia und Josef die Wirtsleute, begrüßen Geschäftsleute und Fliegenfischer ebenso freundlich wie Einheimische, die die traditionelle, gutbürgerliche Küche zu schätzen wissen.

Die gleichbleibende Qualität von Herd und Hotel bezeugen die vielen Stammgäste, die immer wieder gerne beim Wirt am Bach einkehren. Sie schätzen auch die Lage des Hauses, das von der Autobahn aus gut erreichbar ist und trotzdem mitten im Grünen liegt. 20 Einzel- und Doppelzimmer sowie Juniorsuiten, die erst kürzlich auf modernen und funktionalen Standard gebracht wurden, warten auf die Besucher.

Der Wirt am Bach gehört zu den rund 90 Kulti-Wirten in Oberösterreich, die für genussvolle Gemütlichkeit und leidenschaftliche Herzlichkeit stehen. Und sie arbeiten mit Partnern zusammen, denen hochwertige, natürliche und heimische Lebensmittel und Getränke ebenso am Herzen liegen. Deshalb kann man sich noch vor dem Betreten des Lokals an einer Tafel über die Lieferanten informieren.

Erika Mayerl, die Mutter von Claudia Naderer, hat die Qualität der Gerichte vorgegeben und damit die Grundlage für das AMA-Gastrosiegel gelegt. Dieses bekommt nur, wer zu einem Großteil heimische Produkte verwendet. Beispiel Rindfleisch. Der Wirt am Bach ist sehr bekannt für seine Steaks vom Premium-Rind oder dem „Cult-Beef", das vier bis sechs Wochen abgehangen ist und noch dazu aus Österreich stammt. Daraus macht das Küchenteam je nach Jahreszeit Steaks mit Spargel, gerösteten Schwammerln oder Spiegelei. Der passende Wein dazu kommt aus dem Weinkeller von Josef Naderer. Der Sommelier setzt auf österreichische Weine und kredenzt gerne Bewährtes wie Neues, das er auf Messen oder Privatreisen entdeckt.

WIRT AM BACH
Besitzer Claudia und Josef Naderer
Am Bach 13, A-4664 Oberweis
Tel. 00 43 (0) 76 12 / 7 45 03
www.wirtambach.at

DER HOFWIRT IST FÜR JEDERMANN

Ein bodenständiges, gemütliches Gasthaus mit regionaler Küche – das ist der Hofwirt in Pettenbach

GESCHMORTER HIRSCHBRATEN MIT PREISELBEERKRAPFERL UND GLACIERTEN BABYKAROTTEN

Dieses Rezept finden Sie auf der Seite 105

Der Hofwirt wurde im Jahre 1587 zum ersten Mal urkundlich erwähnt. Seit 2004 wird das Lokal mitten in Pettenbach von Heinz Felbermair geführt. Das Gasthaus für Jung und Alt, für Raucher und Nichtraucher, vereint traditionelle und moderne Küche. Exklusiven Service inklusive.

„In unserem Haus achten wir besonders auf die Qualität der zu verarbeitenden Produkte. Wir verwenden vorwiegend aus der Region stammende Lebensmittel", sagt Heinz Felbermair.

Der Betrieb wird ständig renoviert und erweitert. So verfügt das Haus über neu gestaltete Veranstaltungsräume, die durch Raumteiler völlig voneinander abgetrennt und somit in der Größe beliebig veränderbar sind. Ein Veranstaltungssaal für Hochzeiten, diverse Firmen- oder Familienfeiern bietet Platz für bis zu 220 Personen. Auch der großzügige Barbereich ist ein beliebter Treffpunkt für Jung und Alt.

„Im Jahr 2010 haben wir auch unsere Küche völlig erneuert und vergrößert, in diesem Zuge wurden im Obergeschoss eine neue Bar sowie ein gemütliches Stüberl eingerichtet", so der Wirt.

Bekannt ist der Hofwirt nicht nur für sein Backhendl und sein Surschnitzel, sondern auch für sein ofenfrisches Mostbratl vom Almtaler Bioschwein sowie für den Mittagsbrunch von Dienstag bis Freitag.

Neben dem reichhaltigen Angebot aus der Speisekarte lädt der Hofwirt auch immer wieder zu Spezialitätenwochen – von italienisch über mexikanisch bis zu Steak oder Wild.

GASTHAUS HOFWIRT
Inhaber Heinz Felbermair
Marktstraße 3, A-4643 Pettenbach
Tel. 00 43 (0) 75 86 / 2 05 48
www.hofwirt.co.at

Stiegl Bier
G. u. J. Gruber
Vieh- u. Pferdehandel
Gasthof

SCHWANENSTÄDTER TREFFPUNKT

Im Gasthaus Gruber trifft man sich zum Plaudern und Feiern

ZWIEBELROSTBRATEN MIT SEMMELKNÖDELN, KARTOFFELN UND FISOLE

Dieses Rezept finden Sie auf der Seite 103

Am Vormittag unter der Woche eine volle Gaststube? Das gibt es nur mehr selten. Im Gasthaus Gruber ist das Normalität, denn das Wirtshaus am Stadtplatz ist der Treffpunkt in Schwanenstadt. Hier sitzen örtliche Vereine und Clubs zusammen, wenn sie etwas zu besprechen oder zu feiern haben, trinken gerne ihr Glas Wein zum Frühschoppen oder ein Bier zwischendurch am Stammtisch. Platz genug gibt es beim Gruber. Ein Nichtraucherstüberl steht ebenso zur Verfügung wie ein Saal für 300 bis 350 Gäste, in dem gerne Hochzeiten gefeiert werden. Und im Sommer sitzt man im ruhigen, überdachten Gastgarten unter der Linde, schaut dem Oleander beim Blühen zu und lässt sich bei Schönwetter Gegrilltes servieren.

Das Fleisch dafür kommt aus der Region, das Wild wird aus der Steiermark „importiert“. Vor allem das Kalbsrahmgulasch, das Zigeunerschnitzel und der Rahmrostbraten stehen auf der Wunschliste von hungrigen Stammgästen, aber auch Fische aus dem nahen Seengebiet. Jeden Tag außer montags gibt es zwei Mittagsmenüs, eines davon für Vegetarier. Gerne erinnert man sich auch an die traditionell-österreichischen Mehlspeisen und setzt Apfel- und Topfenstrudel oder Topfenknödel auf die Karte.

Im historischen Gasthaus, das um die 100 Jahre alt ist und in der vierten Generation betrieben wird, kann man auch gemütlich übernachten. Während man in den Komfortzimmern erholsam ruht, steht das Auto sicher auf dem Parkplatz hinter dem Haus.

GASTHAUS GRUBER
Inhaber Familie Gruber
Stadtplatz 14, A-4690 Schwanenstadt
Tel. 00 43 (0) 76 73 / 22 54

Simon
Wiesinger

LUST AUF SALAT

Das Restaurant Schmankerl in Schwanenstadt hat sich auf frische Salate spezialisiert

SCHMANKERLSALAT
Dieses Rezept finden Sie auf der Seite 106

Adam Hoffmann ist seit einem Vierteljahrhundert Wirt und hat seine Augen stets offen für die Wünsche seiner Gäste. So auch schon vor über 20 Jahren, als er die Begeisterung für Salate bei seinen Gästen registrierte und beschloss, sich auf dieses Gebiet der gesunden Küche zu spezialisieren. In der Zwischenzeit kommen die Leute nicht nur aus der gesamten Region, sondern eigentlich aus ganz Oberösterreich ins Schmankerl, um diese kreative Art des Essens zu genießen.

Backhendlsalat, Bauernsalat (mit gerösteten Schweinebraten-, Semmelknödel- und Speckwürfeln), Salzkammergutsalat kombiniert mit kleinen Grammelknödeln, der vegetarische Salat mit Gemüselaibchen, gebackenem Käse, Mozzarellasticks und Zwiebelringen und viele andere Salatkombinationen sind aus der Speisekarte nicht mehr wegzudenken.

Wer glaubt, Salat sei nur kalt, wird im Restaurant Schmankerl eines Besseren belehrt. Der kulinarische Reiz von warmen Meeresfrüchten mit knackigem Salat, Paella raffiniert mit Essig abgerundet, appetitlich angerichtet und mit französischem Baguette serviert, lässt erahnen, was Adam Hoffmann so dominant auf diesem Gebiet der internationalen Salatküche macht.

Die Küchenteam hat aber nicht nur Salate im Programm, sondern kocht auch sehr saisonal, beispielsweise ab Aschermittwoch über einen Monat lang vorwiegend Muscheln, Meeres- und Süßwasserfische. Im Herbst ist der Chef des Hauses so richtig „Wild“: Jagdsuppe nach Art des Hauses, herrlich gebratener Rehschlögel in Wacholdercreme, rosa gebratene Wildentenbrust auf Kohl-Linsen-Beet, geschmorte Hasenkeule in grüner Pfeffersauce …

Seit über zwei Jahren ist das Restaurant nicht nur für seine wunderbare Küche überregional bekannt, sondern es wird auch jeden Sonntag Abend das Tanzbein bei Live-Musik geschwungen. Fan-Club-Ausflüge, kulinarisches Gewinnspiel, Radtour, Silvestergala und vieles mehr werden den tanzfreudigen Gästen angeboten.

RESTAURANT SCHMANKERL
Inhaber Adam Hoffmann
Gmundner Straße 42, A-4690 Schwanenstadt
Tel. 00 43 (0) 76 73 / 55 13
www.restaurant-schmankerl.at

TRAPA

HOLZ, GLAS UND LICHT

Der Schauraum von TRAPA Böden ist ein Festspiel für die Sinne

Weit und warm, kühn und klar, offen und optisch leicht – seine Ästhetik verdankt der TRAPA-Schauraum in Traunkirchen den drei Elementen Holz, Glas und Licht. Damit ist bewiesen: Zeitgemäße Architektur und das natürliche Material sind kein Widerspruch, denn in Verbindung mit Stahl bildet das Trio einen spannenden Kontrast. Dieser wird durch die Kombination von organisch-weichen Formen und geometrisch strengen Kanten und Ecken noch unterstrichen. Das Schöne ist: Die Materialien sprechen für sich und haben Schnörkel und Tand nicht nötig.

Den gestalterischen Mittelpunkt des Schauraums bildet ein organisch geformter, abgesenkter und mit Leder ausgeschlagener Sitzbereich, die Lounge. Hier sitzt der Besucher auf Augenhöhe mit dem Naturholzboden und kann jederzeit „Fühlung" aufnehmen. Ein weiteres optisches Highlight ist das „Haus im Haus", das einer Yacht nachempfunden ist und auf den nahen Park der historischen Spitzvilla sowie das malerische Kloster Traunkirchen blickt. Auch das ist ein Statement, fühlt sich TRAPA doch trotz aller Modernität im Salzkammergut verwurzelt.

Über 160 Holzmuster können im Schauraum unter verschiedenen Lichtverhältnissen betrachtet, beschnuppert und auch barfuß gefühlt werden. Auf einer Materialwand und zahlreichen Displays mit Holz- und Ledertafeln für Boden und Wand fällt die optimale Abstimmung von Farben, Stoffen und Oberflächen leicht.

Trapa Naturholzböden sind sinnlich erlebbar, erzählen ihre eigene Geschichte, werden mit den Jahren immer schöner und bekommen dabei eine edle Patina.

TRAPA BÖDEN GMBH
Geschäftsführer Hermann Hörndler
Uferstraße 23, A-4801 Traunkirchen
Tel. 00 43 (0) 76 17 / 32 27-10
www.trapa.at

RUHIG UND DOCH MITTEN DRIN

Das Hotel Lindner ist ein guter Ausgangspunkt für Unternehmungen

GEKOCHTER TAFELSPITZ MIT SCHNITTLAUCH-SAUCE, RÖSTKARTOFFELN UND SEMMELKREN

Dieses Rezept finden Sie auf der Seite 107

Bei Bernhard Lindner ist man gut aufgehoben. Nicht nur, weil der Wirt des gleichnamigen Hotels der Tourismusobmann von Vöcklabruck ist und damit zahllose Geschichten, Ausflugsmöglichkeiten und Besonderheiten der Umgebung kennt; Lindner ist auch mit Leib und Seele für seine Gäste da.

Das wissen vor allem die Einheimischen, die im Restaurant des Hotels gerne ihre Firmen- und Familienfeiern abhalten. Und sollte das nicht möglich sein, übernimmt Bernhard Lindner gerne das Catering und liefert seine Klassiker der österreichischen Küche an Ort und Stelle. Komponiert werden sie mit den Produkten der Region. Sie stammen von innovativen Bauern aus dem Umland, die weniger auf Quantität, sondern viel mehr auf Qualität schauen. Verarbeitet werden sie vom Küchenchef zu saisonalen Köstlichkeiten. Im Januar gibt es die traditionellen Rindfleischwochen, im Frühjahr den Spargel und den Lachs. Und wenn die Abende lau werden, öffnet Bernhard Lindner seinen Wiener Heurigen-Garten, grillt und lädt zu „Jazz & Wine". Ein Gefühl für edle Traubensäfte hat er schon lange, war er doch 1989 der erste geprüfte Sommelier in der Stadt. Im Sommer veranstaltet Lindner auch das jährlich stattfindende, zweitägige Kurkonzert zugunsten der örtlichen Hospizbewegung.

Da das Hotel Lindner nur rund sieben Gehminuten vom Zentrum entfernt liegt, ist es eine ruhige Basisstation für Unternehmungen in die nähere und weitere Umgebung. Die 30 Doppelzimmer und Juniorsuiten sind mit Vollholzmöbeln und Bio-Matratzen ausgestattet. Doch die wahre Erholung ist das Team rund um Bernhard Lindner, das stets gut gelaunt und aufmerksam auf die Wünsche der Gäste eingeht.

HOTEL LINDNER
Anton-Lumpi-Straße 13, A 4840 Vöcklabruck
Tel. 00 43 (0) 76 72 / 72 72 70
www.hotel-lindner.com

GUATE ABWECHSLUNG

Monatlich wechselnde kulinarische Schwerpunkte im Dürnauerhof

Im Dürnauerhof kocht der Chef noch persönlich. Christian Krempler liebt die Abwechslung. Alle zwei Wochen ändert er seine Speisekarte und setzt darüber hinaus monatliche Schwerpunkte. Im Januar isst man sich satt an Muscheln, im Februar an Knödeln und im März an süßen und pikanten Palatschinken. Im April stehen Lamm und Spargel auf der Speisekarte. Im Mai ist die Küche mexikanisch inspiriert, im Juni dreht sie sich um Burger und Ofenkartoffel. Der Sommer steht im Zeichen der mediterranen Gerichte mit Pizza und Pasta im Juli sowie mit Garnelen-Variationen im August. Im September holt Christian Krempler das Beste aus Äpfeln und Kürbissen heraus, im Oktober kocht er Wild und im November Gans und Enten. Danach wird's weihnachtlich rund um den Herd im Dürnauerhof.

Trotzdem wird auch die gute traditionelle Hausmannskost nicht vergessen. Denn obwohl Christian Krempler nach seiner Betriebsübernahme 2002 den Dürnauerhof einer Generalüberholung unterzog, gibt es Klassiker auf der Karte, etwa das Cordon Bleu, in Butterschmalz herausgebacken und mit Petersilkartoffeln serviert. Auch das Beuschl, das er nach einem Rezept seiner Mutter kocht, gehört dazu. Trotzdem geht er mit der Zeit und bietet auch fleischlose Genüsse an, etwa die Zucchini-Piccata, die Melanzani-Taschen, Couscous oder Gemüsespaghetti.

Der Dürnauerhof ist mit seinen Mittagsmenüs für Hungrige von dienstags bis samstags ein beliebter Treffpunkt, um sich mit guten Schmankerln zu stärken. Auch für Feierlichkeiten aller Art ist der Dürnauerhof ein guter Tipp. Drei verschiedene Räumlichkeiten, wo Gesellschaften zwischen zwölf und 50 Personen Platz finden, stehen zur Verfügung. Und wer nur schnell auf eines der vier offenen Biere oder ein Glas Wein aus Österreich vorbei schauen möchte, lässt sich an der gemütlichen Bar nieder. Bei schönem Wetter sitzt man gerne im schattigen und gepflegten Gastgarten, wo sich die ganz jungen Gäste am Kinderspielplatz austoben können.

KÜRBIS-CORDON-BLEU MIT ROTE-RÜBEN-KOMPOTT

Dieses Rezept finden Sie auf der Seite 106

WIRTSHAUS DÜRNAUERHOF
Familie Krempler
Dürnauerstraße 108, A-4840 Vöcklabruck
Tel. 00 43 (0) 76 72 / 2 36 47
www.duernauerhof.asak.at

REZEPTE

MOSTBRATL MIT KARTOFFELN UND STÖCKLKRAUT

Land.Gast.Hof Schaiten, Seite 58

ZUTATEN FÜR 6 PERSONEN

2,5 kg Schweinsschopf, 500 ml Most, 1,5 kg Kartoffeln, Ingwer nach Gusto, Knoblauch nach Gusto, 3 Zwiebeln, Salz, Pfeffer, Kümmel

STÖCKLKRAUT

2 Köpfe Weißkraut, 2 Handvoll Speckwürfel, 1 EL Zucker, 1 EL Salz

ZUBEREITUNG

Das Fleisch mit Salz, Pfeffer und gepresstem Knoblauch einreiben. Dann auf ein Bett mit Knoblauchzehen in ein Blech legen. Kartoffeln und Zwiebeln vierteln und rund um das Fleisch schichten. Ingwer hacken, darüber streuen und die Hälfte des Mostes eingießen. Bei 140 °C Umluft für anderthalb Stunden ins Backrohr schieben. Den Braten immer wieder mit Bratensaft übergießen, restlichen Most hinzufügen.

Für das Stöcklkraut die Weißkrautköpfe vierteln und in Salzwasser bissfest kochen. Den Strunk dranlassen! In der letzten Viertelstunde vor dem Ende der Bratzeit zum Fleisch im Backrohr geben und angebratene Speckwürfel darüber geben. Das Kraut ist fertig, wenn es beim Hineinstechen mit der Gabel keinen Widerstand mehr gibt. Mit Zucker und Salz abschmecken.

Dazu passen zusätzlich Semmel- oder Serviettenknödel sowie ein Most mit Kellertemperatur.

MOSTBRATEN MIT SPÄTZLE

Seegasthof und Hotel Steinmaurer, Seite 66

ZUTATEN FÜR 6 PERSONEN

1,5 kg Rindfleisch (Schulter oder Weißes Scherzel), 1 Karotte, 1 Petersilienwurzel, 1/2 Sellerieknolle, 2 Zwiebeln, 2 Knoblauchzehen, 2 Lorbeerblätter, 6 Wacholderbeeren, 2 EL Tomatenmark, 500 ml Most, etwas Mehl zum Stauben, Öl zum Anbraten, Senf zum Bestreichen, Salz, Pfeffer

SPÄTZLE

250 g griffiges Mehl, 125 ml Milch, 2 große Eier, Salz

ZUBEREITUNG

Für die Spätzle alle Zutaten zusammenmischen, über einen Spätzlehobel reiben und in kochendem Salzwasser kochen.

Das Bratenfleisch mit Salz und Pfeffer würzen und mit Senf einreiben. In einem größeren Bratentopf das Fleisch in Öl rundum scharf anbraten, danach herausnehmen. Im Bratenrückstand klein geschnittene Karotten, Petersilienwurzel, Sellerieknolle, Zwiebeln und Knoblauch anrösten. Lorbeerblatt, Wacholderbeeren sowie Tomatenmark zugeben, mitrösten, mit Mehl stauben und mit Most und etwas Wasser aufgießen. Kurz aufkochen lassen, dann das Bratenfleisch einlegen und zugedeckt circa zwei Stunden weich dünsten. Das Fleisch entnehmen und warm stellen. Die Sauce pürieren beziehungsweise abschmecken, gegebenenfalls mit Stärkemehl binden und durch ein Sieb passieren.

Den Mostbraten in Scheiben schneiden, mit Spätzle und Gemüse auf Tellern anrichten.

ZANDERFILET GRATINIERT AUF SAUTIERTEN PILZEN UND DREIERLEI PAPRIKASAUCEN

Seehotel Schwan, Seite 62

ZUTATEN

800 g Zanderfilet, gehäutet, 1 Zwiebel, 125 ml trockener Weißwein, 125 ml Fischfond, scharfer Senf, etwas Butter

PAPRIKASAUCEN

1 rote, 1 gelbe und 1 grüne Paprikaschote, Öl zum Anbraten, 200 ml Obers, 125 g Crème fraîche
150–200 g frische Pilze, 50 g Schalotten, 1 El Butter, etwas feingehackte Petersilie, Salz, Pfeffer

FISCHFOND

300 g Fischkarkasse (Kopf, Gräten, Haut), 150 g gemischtes Wurzelgemüse (Zwiebel, Lauch, Sellerie, Petersilienwurzel), 50 ml Weißwein, Pfefferkörner, Lorbeerblätter, Wacholderbeeren und etwas Thymian

KRÄUTERKRUSTE

Semmelbrösel von 2 Semmeln, 3 EL Olivenöl, frische Kräuter (Petersilie, Schnittlauch, Kerbel und frischer Majoran), 1/2 Knoblauchzehe, Salz, Pfeffer

ZUBEREITUNG

Für den Fischfond Gräten und Fischabschnitte (Zander, Hecht oder Karpfen) kurz wässern, mit dem Gemüse, den Pfefferkörnern, Lorbeerblätter, Wacholderbeeren, Thymian, dem Weißwein und 450 Milliliter Wasser ansetzen und 20 Minuten ziehen lassen. Dann durch ein Etamin (Baumwolltuch) seihen.

Für die Kräuterkruste Semmelbrösel mit Olivenöl, Kräutern und Knoblauch vermischen. Mit Salz und Pfeffer abschmecken.

Paprikaschoten waschen, vierteln und in heißem Öl anbraten. Mit kaltem Wasser abkühlen und die Haut abschälen. In Rauten schneiden und beiseite stellen.

Für das Zanderfilet Zwiebel fein schneiden, in Butter hell anschwitzen und Fisch darauf verteilen. Mit Wein und Fischfond ablöschen und bei zarter Hitze dünsten. Auf ein Blech heben, leicht mit scharfen Senf bestreichen und mit Kräuterbröseln bestreuen. Mit Butterflocken belegen und in vorgeheiztem Rohr (nur Oberhitze) gratinieren.

Für die Paprikasaucen den restlichen Fischfond mit Obers und Crème fraîche verrühren und um ein Drittel reduzieren. In drei Teile aufteilen und mit den geschälten Paprika mixen. Je ein Viertel von den Paprikarauten zum Garnieren beiseite stellen.

Schalotten mit Butter und Pilzen rasch sautieren, mit Salz, Pfeffer und Petersilie würzen und auf der Mitte der Teller anrichten. Die drei Saucen abschmecken, eventuell etwas geschlagene Sahne und Zitronensaft zugeben. Rundum neben den Pilzen platzieren und zum Schluss das gratinierte Zanderfilet auf den Pilzen anrichten.

Mit den Paprikarauten garnieren und als Beilage Kartoffeln oder Tagliolini reichen.

REZEPTE

TOPFENNOCKERL AUF SCHWARZBEERSAUCE

Gmundner Milch, Seite 68

ZUTATEN FÜR 6 PERSONEN

250 g Gmundnermilch-Topfen, 100 g Staubzucker, Schale von 1/2 Zitrone, etwas Zitronensaft, 1 Eigelb, 2 Blätter Gelatine, 250 ml Schlagobers

SAUCE

400 g Heidelbeeren, 60 g Zucker, 150 ml Johannisbeersaft, 1 Stange Zimt, 1 Prise Piment, Schale von 1/2 Zitrone, 1 TL abgeriebene Zitronenschale, eventuell Speisestärke zum Andicken

ZUBEREITUNG

Den Topfen mit Zitronenschale, Dotter und Zucker cremig rühren. Die Gelatine in kaltem Wasser einweichen, ausdrücken und mit ein wenig Zitronensaft auf der Herdplatte erwärmen. Topfenmasse und Gelatine vorsichtig verrühren, damit die Gelatine keine Klümpchen bildet. Obers steif schlagen und vorsichtig unter die Masse heben. Im Kühlschrank für einige Stunden kalt stellen.
Für die Heidelbeersauce den Zucker in einer Pfanne karamellisieren. Mit dem Johannisbeersaft unter Rühren ablöschen, danach Zimtstange, Piment, Zitronensaft und Zitronenschale zufügen und das Ganze fünf Minuten leicht köcheln lassen. Dann die Zimtstange herausnehmen. Falls die Flüssigkeit zu dünn ist, etwas mit Wasser angerührte Speisestärke dazugeben und binden. Die Heidelbeeren waschen, trocken tupfen und unter die Sauce rühren. Den Topf vom Herd nehmen und die Sauce noch ziehen lassen.
Aus der Topfenmasse Nockerl ausstechen und auf der kalten oder lauwarmen Heidelbeersauce anrichten.

FORELLE „MÜLLERIN"

Forellenhof Wieselmühle, Seite 72

ZUTATEN

1 Forelle (250–300 g), 30 g Mehl, 2 EL Butter, Salz

ZUBEREITUNG

Für die Forelle „Müllerin“ den Fisch ausnehmen, innen und außen salzen. In Mehl wälzen und in Butter auf jeder Seite je fünf Minuten herausbraten. Die Forelle ist essfertig, wenn das Rückgrat nicht mehr blutig ist.
Dazu passen Petersilkartoffeln, eine Zitrone und grüner Salat.
Ein grüner Veltliner rundet das Geschmackserlebnis ab.

HOCHBERGHAUS KAISERSCHMARRN

Hochberghaus, Seite 76

ZUTATEN FÜR 2 PERSONEN

8 Eier, 1 l Milch, 125 ml Sodawasser, 1 TL Vanillezucker, Mehl nach Gefühl

ZUBEREITUNG

Zunächst die Eier trennen. In einer großer Schüssel die Milch, den Vanillezucker, das Sodawasser und das Eigelb miteinander vermengen. So viel Mehl hinzufügen, dass eine homogene Masse entsteht. Diese sollte etwas fester als der übliche Palatschinken-Teig sein.
Nun das Eiweiß steif schlagen und vorsichtig unter die Masse heben.
In einer großen Pfanne etwas Butter heiß werden lassen und den kompletten Teig hineingeben. Nach Belieben noch Rosinen dazugeben. Die Pfanne mit einem Deckel zudecken und den Kaiserschmarrn langsam ziehen lassen. Sobald die Unterseite des Kaiserschmarrns goldbraun ist, wenden und von der anderen Seite abermals goldbraun werden lassen. Dann aus der Pfanne nehmen und in mundgerechte Portionen schneiden.
Nun in der Pfanne etwas Zucker karamellisieren lassen. Sobald der Zucker karamellisiert ist, etwas Butter hinzufügen, den zerkleinerten Kaiserschmarrn dazugeben, gut durchschwenken und den Kaiserschmarrn noch einige Minuten in der Pfanne ziehen lassen.

ANRICHTEN

Den Kaiserschmarrn in ein Pfandl geben, mit Puderzucker bestreuen und dazu wahlweise Apfelmus oder Zwetschgenröster servieren. Guten Appetit!

LACHSFORELLENFILET AUF EIERSCHWAMMERLRISOTTO UND BLATTSALAT

Landgasthof Kastenhuber, Seite 78

ZUTATEN FÜR 4 PERSONEN

4 Lachsforellen, 1 Kopfsalat, 250 g Risottoreis, 1 weiße Zwiebel, 125 ml Wein, 500 ml Rindssuppe oder Wasser, 500 g Eierschwammerln, 1 Schalotte, etwas Öl, etwas Essig, 1 EL Butter, Saft von 1/2 Zitrone, 1 EL Mehl, 1 Prise Zucker, Salz, Pfeffer

ZUBEREITUNG

Zwiebel in kleine Würfel schneiden und in etwas Öl anschwitzen. Den Risottoreis dazugeben und mit dem Weißwein ablöschen. Mit Rindssuppe oder Wasser aufgießen, bis der Risottoreis bedeckt ist. Leicht köcheln lassen. Wenn der Risotto bissfest ist, vom Herd nehmen. Schalotte mit Eierschwammerln in Butter anschwitzen und mit Salz und Pfeffer würzen.
Lachsforellenfilets mit Salz, Pfeffer und Zitronensaft würzen. Auf der Hautseite mehlieren und in eine heiße Pfanne geben. Zwei Minuten braten, bis der Fisch goldbraun ist.
Den Kopfsalat waschen, abtrocknen und klein schneiden. Mit Essig, Öl, Pfeffer und Zucker marinieren. Zusammen anrichten.

REZEPTE

MEDAILLONS VOM HIRSCHRÜCKEN IN WACHOLDERSAUCE MIT BLAUKRAUTSTRUDEL

Gasthof Jagersimmerl, Seite 74

ZUTATEN FÜR 4 PERSONEN

750 g Hirschrücken, ausgelöst und zugeputzt, etwas Butterschmalz zum Braten, Bohnenkraut, Salz, Pfeffer

WACHOLDERSAUCE

1 kleine Zwiebel, 50 g Butter, 1 EL Kristallzucker, 125 ml Rotwein, 250 ml Wildfond, 4–5 Wacholderbeeren

BLAUKRAUTSTRUDEL

1 kleiner Blaukrautkopf, 1 Pkg. Blätterteig, 1 kleine Zwiebel, 150 g Bauchspeck, 125 ml Rotwein, 1 EL Kristallzucker, 1 Ei, 1 EL Butterschmalz, 1 Msp. Kümmel, gemahlen, Salz

ZUBEREITUNG

Für die Sauce ein Drittel der Butter schmelzen, Zwiebel fein hacken, dazugeben und mit dem Zucker kurz anschwitzen. Mit Wein ablöschen und Wildfond zugießen. Wacholderbeeren andrücken und dazugeben. Leicht köcheln lassen, bis gut die Hälfte der Flüssigkeit verdunstet ist.

Hirschrücken in daumendicke Scheiben schneiden, mit Salz, Pfeffer und Bohnenkraut beidseitig würzen. Butterschmalz in einer Pfanne stark erhitzen und die Medaillons von beiden Seiten kurz anbraten. Mit Alufolie abdecken, vom Herd nehmen und ein paar Minuten ruhen lassen. Beeren aus der Sauce nehmen und mit der restlichen Butter aufmixen. Eventuell den ausgelaufenen Saft vom Fleisch unterrühren, mit Salz und Pfeffer abschmecken.

Für den Strudel das Blaukraut hobeln, Butterschmalz erhitzen, die fein gehackte Zwiebel und den klein gewürfelten Speck hell anrösten. Zucker dazu geben, kurz durchrösten und mit Wein ablöschen. Kraut dazugeben, mit Salz und Kümmel würzen. Gut durchmischen und bissfest dünsten, bis die ganze Flüssigkeit verdunstet ist. Kurz abkühlen lassen. Blätterteig ausrollen und im unteren Drittel mit dem Blaukraut belegen. Einrollen, auf ein gefettetes Blech setzen, mit verquirltem Ei bestreichen und bei 200 °C circa 15 bis 20 Minuten goldgelb backen.

Dazu passt Erdäpfel-Püree oder Sellerie-Erdäpfel-Püree.

STEAK AUF DEM BANDNUDELNEST MIT EIERSCHWAMMERLN

Wirt am Bach, Seite 84

ZUTATEN FÜR 4 PERSONEN

4 Steaks à 180–200 g vom Rindslungenbraten (Cult Beef), 2 EL Öl, Salz, Pfeffer aus der Mühle
60 g Eierschwammerl, etwas Petersilie, 40 ml Schlagobers, 40 ml Rindssuppe, 50 g Bandnudeln, Chilifäden, frische Kräuter zum Garnieren

ZUBEREITUNG

Steaks beidseitig mit Salz und Pfeffer würzen. Öl in flacher Pfanne erhitzen.
Steaks scharf anbraten und nach circa drei bis vier Minuten wenden, je nach gewünschtem Garungsgrad (blutig, medium, done) fertig braten.
Steaks aus der Pfanne heben. Überflüssiges Fett abgießen und Eierschwammerl kurz anrösten, Petersilie dazugeben. Mit Obers und etwas Rindssuppe aufgießen.
Bandnudeln in Salzwasser bissfest kochen und zu Nudelnestern formen. Die Steaks darauf setzen und mit Eierschwammerl-Sauce überziehen. Mit Chili-Fäden und frischen Kräutern garnieren.

ZWIEBELROSTBRATEN MIT SEMMELKNÖDELN, KARTOFFELN UND FISOLEN

Gasthaus Gruber, Seite 88

ZUTATEN

4 Schnitten à 200 g vom Beiried (Roastbeef), 4 EL Senf, 3 Zwiebeln, 1 l Rindsfond, 3 EL Öl, 1 EL Mehl, Salz, Pfeffer

KNÖDEL

6 Semmeln, 250 ml Milch, 3 Eier, Salz, Petersilie, 2 EL Margarine, 1 EL Mehl zum Binden

8 Kartoffeln, 300 g Fisolen (grüne Bohnen), Salz, 1 Prise Kümmel

ZUBEREITUNG

Das Fleisch klopfen, salzen, pfeffern und mit Senf bestreichen. Öl in Pfanne erhitzen und Beiriedschnitten circa zwei Minuten bei großer Hitze beidseitig anbraten. Aus der Pfanne nehmen.
Zwei würfelig geschnittenen Zwiebel zum Bratenrückstand geben, mit Mehl stauben und Rindsfond ablöschen. Fleisch dazugeben und circa 30 Minuten auf geringer Flamme dünsten. Eine ganze Zwiebel in Scheiben schneiden und in Öl braun braten.
Für die Knödel Semmeln in Würfel schneiden. Milch und Margarine erhitzen und über Brotwürfel gießen. Salz, Eier, Mehl und Petersilie hinzufügen und vermischen. Masse zu Knödel formen und in leicht kochendes Salzwasser geben. Zehn Minuten garen.
Kartoffel und Fisolen jeweils in Salzwasser kochen. Kartoffeln mit Kümmel bestreuen und das Fleisch mit den knusprigen Zwiebel und Fisolen anrichten.

REZEPTE

ESTERHAZYSCHNITTE GEEIST AUF HIMBEERRAGOUT

Landgasthaus Rabl, Seite 80

ZUTATEN FÜR 20 PORTIONEN

ESTERHAZYMASSE

5 Eiweiß, 150 Feinkristallzucker, 3 g Vanillezucker, 150 g weiße Mandeln, gerieben, Creme, 400 ml Milch, 200 g Kristallzucker, 8 Eidotter, 20 g Vanillezucker, 1 Prise Salz, 4 Blatt Gelatine, 220 g Butter, 100 g Nougat, Staubzucker zum Stürzen

GLASUR

70 g Marillenmarmelade, 150 g Fondant (Schmelzglasur), Zartbitterkuvertüre,

HIMBEERRAGOUT

1 kg Himbeeren, 200 g Staubzucker, 5 g Vanillepudding-pulver

ZUBEREITUNG

Für die Esterhazymasse Eiweiß, Vanillezucker und Zucker aufschlagen. Mandeln einmelieren. Drei Backbleche mit Backpapier auslegen, Masse aufstreichen und im vorgeheizten Backrohr bei 200 °C etwa acht bis zehn Minuten backen. Noch heiß auf eine mit Staubzucker bestreute Arbeitsfläche stürzen und das Papier sofort abziehen. In sieben Zentimeter breite Streifen schneiden.

Gelatine nach Anweisung einweichen.

Für die Creme Milch, Kristallzucker, Vanillezucker, Salz und Eidotter verrühren. Über Wasserdampf weiter rühren, bis circa 70 °C erreicht sind und die Eidotter die Masse leicht gebunden haben. Gelatine ausdrücken, in der Masse auflösen, vom Herd nehmen und mit einem Stabmixer fünf Minuten mischen. Danach kühl stellen. Butter schaumig rühren, erwärmtes Nougat zugeben und in die ausgekühlte Creme einrühren. Teigblätter mit Creme bestreichen, aufeinander setzen und auch an der Seite mit Creme bestreichen (jede Schnitte sollte etwa aus sieben Teigblättern bestehen). Auf das oberste Blatt Marillenmarmelade dünn auftragen und 30 Minuten kühl stellen.

Zartbitterkuvertüre schmelzen und Esterhazyschnitten dünn mit Fondant überziehen. Aus einem Stück Pergamentpapier ein Stanitzel drehen und die Kuvertüre damit in dünnen Linien darüber spritzen. Sofort mit einem Spießchen das typische Esterhazymuster ziehen. Schnitten kühl stellen, bis die Glasur getrocknet ist. Portionieren und danach tiefkühlen.

Für das Himbeerragout die Früchte mit dem Staubzucker leicht aufkochen lassen und mit dem Vanillepuddingpulver eindicken.

HIRSCHBRATEN GESCHMORT MIT PREISELBEERKRAPFERL UND GLACIERTEN BABYKAROTTEN

Gasthaus Hofwirt, Seite 86

ZUTATEN FÜR 5 PERSONEN

1 kg Hirschschlegel, ausgelöst, 50 ml Pflanzenöl, 200 g Wurzelgemüse, 30 g Tomatenmark, 200 ml Rotwein, 1 l Fond, 30 g Preiselbeeren, Lorbeerblätter, Wacholderbeeren, Salz, schwarzer Pfeffer aus der Mühle,

PREISELBEERKRAPFERL (10 STÜCK)

125 g mehlige Kartoffeln, 25 g weiche Butter, 10 g Germ, 125 g Mehl, 1 Ei, Salz, 2 EL lauwarme Milch, 200 g Preiselbeermarmelade, Fett zum Ausbacken

KAROTTEN

250 g Babykarotten, 25 g Butter, 1 TL Zucker, 1 Prise Salz, etwas Gemüsefond oder Wasser

ZUBEREITUNG

Fleisch würzen, im Topf anbraten und herausnehmen. Wurzelgemüseanrösten, Tomatenmark beigeben, kurz durchrösten, mit Rotwein ablöschen, mit Fond aufgießen und aufkochen lassen. Fleisch und Preiselbeeren beigeben und zugedeckt im Backrohr bei 180 °C dünsten. Fleisch warmstellen und den Fond passieren. Gardauer: circa 2 1/2 Stunden.

Kartoffeln weich kochen, zerstampfen, danach abkühlen lassen. Mit Butter, Germ, Mehl, Ei Salz und Milch vermengen, zu einem Teig kneten. 30 Minuten gehen lassen. Teig portionieren (30 Gramm/Stück) und mit Preiselbeermarmelade füllen.

Die Krapferl in heißem Fett schwimmend backen, auf Küchenkrepp abtropfen lassen. In einer Pfanne Butter erhitzen und den Zucker darin schmelzen lassen. Babykarotten beigeben und kurz durchschwenken. Mit wenig Gemüsefond (oder Wasser) untergießen, salzen und bei milder Hitze zugedeckt bissfest dünsten.

REZEPTE

SCHMANKERLSALAT

Restaurant Schmankerl, Seite 90

ZUTATEN

700 g Schweinefilet am Stück, 200 g Kalbs- oder Schweineleber, 200 g Steinpilze oder Champignons, diverse Rohkostsalate (z.B. Karotten, Gurken, Rettich), diverse Blattsalate (wie Kopfsalat, Eisberg, Radicchio, Ruccola), 2 EL Mehl, 60 ml Olivenöl, Majoran, Salz, Pfeffer

KRÄUTERDRESSING

1 EL Traubenessig, 6 EL Öl, 1 EL Estragonsenf, etwas Wasser, Salz, Zucker, Pfeffer, Knoblauch nach Geschmack, diverse Kräuter (Majoran, Dill, Rosmarin, Thymian)

ZUBEREITUNG

Blattsalate gut in kaltem Wasser waschen und abtropfen lassen. Rohkostsalate individuell zubereiten. Für das Dressing Essig, Senf und Wasser vermengen und das Öl langsam mit dem Schneebesen einrühren. Mit Salz, Pfeffer, Zucker und dem gehackten Knoblauch würzen und vor dem Anrichten die Kräuter vermengen.

Das Schweinefilet parieren, mit Salz und Pfeffer würzen, mehlieren und in einer heißen Pfanne mit Öl kurz scharf anbraten. Danach im, bei circa 175 °C Umluft vorgeheizten Backrohr zehn Minuten garen lassen. Dabei die Temperatur auf 60 bis 65 °C senken.

Leber sorgfältig von Häuten und Gefäßen befreien. Pilze und Leber fein schneiden und in einer Pfanne mit etwas Butter zart anrösten. Salz, Pfeffer und Majoran zum Würzen verwenden.

Beim Anrichten Rohkost- und Blattsalate auf einem Teller fein auflegen und mit dem Dressing marinieren. Das Schweinefilet in circa zwei bis drei Zentimeter breite Scheiben tranchieren, auflegen und mit dem Leber-Pilzgröstl vollenden.

KÜRBIS-CORDON-BLEU MIT ROTE-RÜBEN-KOMPOTT

Wirtshaus Dürnauerhof, Seite 96

ZUTATEN FÜR 4 PERSONEN

500 g Muskatkürbis, 4 Blatt Schinken, 4 Blatt Käse, 8 Blätter Salbei, 200 g Brösel, 100 g Mehl, 4 Eier , 1 Rote Rübe, 1/2 Zwiebel, 1/2 Stangensellerie, 1 EL Senfkörner, Ein Schuss Apfelessig, 1 EL Zucker, 1 EL Kren, Salz, Pfeffer

ZUBEREITUNG

Kürbis in Scheiben von einem halben Zentimeter Dicke schneiden und jeweils zwischen zwei Scheiben Schinken, Käse und Salbeiblätter legen. Mit Brösel, Mehl und Eiern panieren und in Öl ausbacken.

Für das Kompott die Rote Rübe in Würfel schneiden. Zwiebel und Stangensellerie ebenfalls würfelig schneiden, in Olivenöl anschwitzen, Rote-Rüben-Würfel beigeben und mitrösten. Senfkörner und Zucker einmischen, mit Essig ablöschen und leicht köcheln lassen. Mit Salz, Pfeffer und Kren abschmecken.

TAFELSPITZ GEKOCHT MIT SCHNITTLAUCHSAUCE, RÖSTKARTOFFELN UND SEMMELKREN

Hotel Lindner, Seite 94

ZUTATEN FÜR 8 PERSONEN

2,5–3 kg Tafelspitz, 1 kg Rindsknochen, 200 g Wurzelwerk, 200 g Zwiebeln, 1/2 Lauchstange, 15 Pfefferkörner, etwas Liebstöckel, 4 EL Schnittlauch, Meersalz aus der Mühle

SCHNITTLAUCHSAUCE

1 altbackene Semmel, 2 hart gekochte Eier, 2 Eidotter, 125 ml Rapsöl, 1 Bd. Schnittlauch, Apfelessig, Zitronensaft, Salz, Pfeffer

SEMMELKREN

250 ml Rindssuppe, 125 ml Schlagobers, 250 g Knödelbrot, eine Handvoll gerissener Kren, etwas Butter

ZUBEREITUNG

Für den Tafelspitz Zwiebeln halbieren und mit der Schnittfläche nach unten in einer Pfanne fast schwarz braten. Wurzelwerk waschen und schälen. Tafelspitz und Knochen warm waschen. 4,5 Liter Wasser zum Kochen bringen und Tafelspitz, Knochen und Pfefferkörner darin schwach wallend kochen. Eine Stunde vor Garende Wurzelwerk, Lauch, Liebstöckel und Zwiebel beimengen. Schaum ständig abschöpfen. Fertig gegartes Fleisch aus der Suppe heben. Suppe würzen und durch ein feines Sieb oder Tuch seihen. Fleisch gegen den Faserverlauf in Scheiben schneiden und mit Suppe begießen. Mit Meersalz und Schnittlauchröllchen bestreuen.

Für die Schnittlauchsauce Semmel in Wasser einweichen, ausdrücken und in ein Mixgerät geben. Hart gekochte Eier, rohe Eidotter und Rapsöl dazugeben und langsam zu einer homogenen Masse mixen. Mit einem Schuss Apfelessig, Salz, Pfeffer aus der Mühle und etwas Zitronensaft würzen. Kurz vor dem Servieren viel frischen, geschnittenen Schnittlauch beimengen.

Für den Semmelkren Butter in einem Topf leicht braun werden lassen und mit Rindssuppe sowie Schlagobers aufgießen. Knödelbrot und Kren unterrühren. Gewünschte Konsistenz mit weiterer Suppe und Schlagobers herstellen und nachwürzen.

In einer Kasserolle anrichten, mit frisch gerissenem Kren und Schnittlauch bestreuen. Dazu serviert man Röstkartoffeln.

DER ALTAUSSEER SEE WIRD HAUPTSÄCHLICH DURCH UNTERIRDISCHE ZUFLÜSSE AUS DEM TOTEN GEBIRGE GESPEIST.

IN GOSAU LADEN VIELE ALMGEBIETE MIT NOCH BEWIRTSCHAFTETEN HÜTTEN ZUM VERWEILEN EIN.

BRAUCHTUM

Die kulturelle Vielfalt des Salzkammergutes fußt auf der Tradition und ihren Festen

Dirndl und Lederhose zu tragen, mag in manchen Gegenden auf die Oktoberfest-Zeit oder den Fasching/Karneval beschränkt sein; im Salzkammergut sind sie Alltagskleidung bei Jung und Alt, Ausdruck der Zugehörigkeit zu einer Region und des Stolzes darauf. Zu diesen Gefühlen zählt auch, dass man die Traditionen schätzt und sie feiert.

Das beginnt im Januar mit den Glöcklerläufen. Entwickelt haben sollen sie sich am Traunsee, der Name leitet sich vom Anklopfen her und hat mit Glocken und dem dazugehörigen Klängen nichts zu tun. Die weiß gekleideten Figuren, die als Protagonisten durch die Straßen vieler Ortschaften bummeln, stellen gute Lichtgeister dar, die die bösen Rauhnachtsgeister vertreiben sollen. Zwischen drei und zwölf dieser Rauhnächte zählt man in den unterschiedlichen Regionen, die wichtigsten sind die Thomasnacht am 21./22. Dezember, der Heilige Abend, die Silvesternacht und der 5./6. Januar. In dieser Nacht findet auch der traditionelle Glöcklerlauf statt. Jener in Ebensee am Südufer des Traunsees wurde 2010 in die UNESCO-Liste „Immaterielles Kulturerbe in Österreich" aufgenommen.

Zum immateriellen Kulturerbe der UNESCO zählt auch der Vogelfang im Salzkammergut. Die ersten „Vogelfänger" sind aus dem 16. Jahrhundert überliefert; damals diente die Beute den Nebenerwerbsbauern als Zusatzeinkommen im Stubenvogelhandel. Als dieser in den 1930er-Jahren immer weniger einbrachte, wandelte sich der Nebenerwerb zu einer Freizeitbeschäftigung, die noch heute in Vereinen ausgelebt wird. Oberstes Gebot dabei ist die liebevolle und respektvolle Behandlung des gefangenen Waldvogels, der im Winter als Haustier gehalten und im Frühling wieder frei gelassen wird. Wie man das Vogelfangen anstellt, ist eine Kunst, die von den Älteren an die Jüngeren weitergereicht wird. Die Öffentlichkeit wird traditionell am Sonntag nach dem 25. November eingeladen, die Ausstellungen der einzelnen Vereine zu besuchen. Dabei bestimmen Preisrichter nach

althergebrachten Richtlinien die schönsten Vögel. Der Vogelfang strahlt aber auch „über den Tellerrand" hinaus. So gibt es etwa Figuren rund um den Vogelfang in den Weihnachtskrippen des Salzkammerguts. Auch „Die Seer", eine der beliebtesten heimischen Musikgruppen aus Grundlsee, hat dem Vogelfänger ein Lied gewidmet:

„Wenn der letzte Vogelfänger
auf die Alm noch geht
da droben auf'm Gipfel steht
kann er den Himmel fast daglonga
aber mit der Fangerei da is vorbei
wia a Zeiserl singt
wenn man's über'n Winter bringt
Wie's Gfieder schöner wird"

Wenn es wärmer wird und die Natur zum Leben erwacht, schwärmen im Ausseer Land die Narzissenpflücker aus. Die Wiesen sind übersät mit den weißen, sternblütigen Dichter-Narzissen, deren Pracht sind zwischen Mitte Mai und Mitte Juni entfaltet. In diese Zeit fällt auch das Narzissenfest, das bis zu 25000 Besucher anlockt. 1960 erstmals veranstaltet, schmückten nur Sträuße die 72 Autos, die am Umzug teilnahmen. Drei Jahre später kam ein Bootskorso auf dem Grundl- und dem Altausseer See dazu. Inzwischen tragen über 3000 Menschen zum Gelingen des Fests bei: Etwa 600 Personen stellen die Narzissenfiguren für Autos und Boote her, rund 650 Helfer sind als Narzissenpflücker im Einsatz.

Und im Hochsommer wird es in Bad Ischl sehr royal. Denn auch wenn Kaiser Franz Josef I. seit fast 100 Jahren tot ist, wird dort immer noch jedes Jahr zu seinem Geburtstag am 18. August der rote Teppich ausgerollt. Gefeiert wird mit allem, was zu einem Volksfest gehört: volkstümliche Musik, Operette, Tanz und gutes Essen. Parallel dazu findet ein Charity-Golfturnier statt, das ausschließlich in Tracht gespielt wird. Höhepunkt ist die Kaisermesse, denn immer noch finden sich jedes Jahr Angehörige der Familie Habsburg, Mitglieder ehemaliger Adelsfamilien und Abordnungen der Traditionsregimenter aus den ehemaligen Kronländern sowie mehrere Bürgergarden in Bad Ischl ein und ziehen die Besucher aus allen Landesteilen an.

Natürlich hat beinahe jede Ortschaft ihre eigenen Gebräuche und Traditionen. Sie zu entdecken, das gehört zu den kleinen Abenteuern während eines Urlaubs im Salzkammergut.

AUF DEM SCHMALEN UFERSTREIFEN DRÄNGEN SICH DIE HALLSTÄTTER HÄUSER DICHT ANEINANDER.

ABERSEEHOF
Stiegl
BRAUKUNST
AUF HÖCHSTER STUFE

PERFEKTER AUSGANGSPUNKT

Vom Aberseehof ins Salzkammergut starten – zentraler geht's nimmer

Im Sommer durch den schattigen Staudachwald flanieren, sich im klaren Wolfgangsee abkühlen oder entlang der Ischler Bahntrasse eine Radtour unternehmen – der Aberseehof ist die perfekte Basisstation für einen Urlaub im Salzkammergut. Ruhig und abseits von viel befahrenen Straßen liegt der Gasthof auf einem idyllischen Stück Erde, umgeben von Bleckwand und Rettenkogel. Trotzdem sind Sehenswürdigkeiten wie die Stadt Salzburg oder die ehemalige Kaiserresidenz Bad Ischl nur 30 Autominuten entfernt.

In 23 Zimmern und zwei Suiten kann man sich erholen, die meisten von ihnen sind mit Balkonen ausgestattet. Sie führen auf einen 1000 Quadratmeter großen Kinderspielplatz, der einem Spielparadies schon sehr nahe kommt. Rutschen und Fußballtore, Sandkasten und Trampolin lassen die jungen Herzen höher schlagen.

Wer vom Baden, Wandern oder Radfahren kommt, ist hungrig. Wirt Franz Gassner hat für jeden Gusto ein Schmankerl bereit. Seine Küche ist regional und saisonal ausgerichtet, umfasst aber genauso Klassiker wie das Wiener Schnitzel oder das Cordon Bleu. Das Fleisch wird beim örtlichen Metzger gekauft, Saibling, Reinanke und Lachsforelle kommen aus dem Fuschl- und Wolfgangsee. Im Sommer stellt der Wirt ein Mittagsmenü zusammen, für die Urlauber am benachbarten Campingplatz ebenso wie für Einheimische. Diese entscheiden sich auch gerne für den Aberseehof, wenn es etwas zu feiern gibt – Taufen etwa oder Geburtstage. Ein abtrennbarer Speisesaal mit 60 Sitzplätzen ist dafür wie geschaffen.

Im Winter ist der Gasthof ein Geheimtipp, denn für den Wolfgangseer Advent mit stimmungsvollen Märkten in Sankt Gilgen, Strobl und Sankt Wolfgang ist der Aberseehof ebenfalls der perfekte Ausgangspunkt. Außerdem liegt er am Eingang zur Postalm, einem 42 Quadratkilometer großen Wander- und Skigebiet.

FORELLE GEBRATEN MIT BUTTERKARTOFFELN

Dieses Rezept finden Sie auf der Seite 142

GASTHOF HOTEL ABERSEEHOF
Aberseehof Gassner GmbH
Christian-Fritz-Weg 19, A-5342 Abersee
Tel. 00 43 (0) 62 27 / 38 82
www.aberseehof.at

HAUS MIT GESCHICHTE

Die Alte Post in Faistenau lädt zum Essen ins Museum ein

Im 15. Jahrhundert findet sich die erste urkundliche Erwähnung des Hotels Alte Post, das sich seitdem im Besitz der Familie Teufl und ihren Vorfahren befindet. Und diese beinahe genetisch vererbte Gastfreundschaft ist in jedem Winkel des Hauses spürbar – für Gäste aus aller Welt ebenso wie für Einheimische.

Schon immer ging man in die Alte Post, wenn es in Faistenau etwas zu feiern gab, denn das Haus hat seit jeher die Funktion des Kirchenwirtes. Und wenn man über Jahrhunderte im Mittelpunkt des Dorfgeschehens steht, sammeln sich viele Erinnerungsstücke an. Bis vor kurzem stellte sie die Familie in einem kleinen Hausmuseum aus; jetzt erzählen sie ihre Geschichte in den Wirtshausräumlichkeiten, speziell in der Jakobi- und Bauernstube.

Wer dort einkehrt, darf sich auf optisch schöne und geschmacklich ausgefeilte Gerichte freuen. Die Teufl-Männer Andreas und Michael sind passionierte Jäger und sorgen dafür, dass manch gutes Stück Wild auf den Teller kommt. Das Fleisch aus der Gemeindejagd ist auch Teil des Faistenauer Festtagsschmauses, der aus vier Gängen besteht: kerniges Lamm, aromatisches Wild, vitalitätsweckender Fisch und ein vegetarisches Gustostückerl. Von diesen gibt es übrigens viele auf der Karte, in originellen Rezepten wie Rote-Rüben-Kokos-Brätlinge, Zucchini-Cordon-Bleu und Schwarzwurzelstrudel.

Bei so vielen Köstlichkeiten möchte man gleich einziehen in der Alten Post – und das kann man auch. Der ehemalige EU-Kommissionspräsident Jacques Santer tut das seit 25 Jahren und genießt die ländliche Ruhe ebenso wie die Nähe zur 20 Autominuten entfernten Festspielstadt Salzburg. 43 Zimmer hat das Hotel, zieht Wintersportler, Kulturliebhaber und Wanderer das ganze Jahr über an. Und reicht die Natur alleine nicht aus, um den Alltag loszulassen, unterstützt der Wellness-Bereich mit finnischer Sauna, Dampf- und Infrarotkabine, Kneippbecken und Hallenbad.

HOLLERI, HOLLERO, HOLLERREH

Dieses Rezept finden Sie auf der Seite 142

HOTEL ALTE POST FAISTENAU
Familie Teufl
Am Lindenplatz 5, A-5324 Faistenau
Tel. 00 43 (0) 62 28 / 22 05
www.altepost-faistenau.at

Sixty

LANDLEBEN UND DESIGN

Exklusivität und Komfort im Iris Porsche Hotel & Restaurant

MONDSEE-ZANDERFILET
MIT PERLGRAUPEN UND OFENKÜRBIS
Dieses Rezept finden Sie auf der Seite 143

Mitten im Zentrum und trotzdem ein „hideaway" – das ist das Iris Porsche Hotel & Restaurant in Mondsee. Das Haus verbindet, nur 20 Autominuten von der Festspielstadt Salzburg entfernt, traditionelle Salzkammergut-Gastlichkeit, perfekten Service und zeitgemäße Küche an einer Adresse mit Geschichte.

Als bei dem großen Brand von 1774 der halbe Ort in Schutt und Asche fiel, wurden in den Folgejahren rund um den Marktplatz neue Bürgerhäuser errichtet – eines davon war jenes mit der Hausnummer 1. Der Überlieferung nach hat sich hier schon immer eine Gaststätte befunden, wo sich Menschen zum Geschäftemachen, aber auch zum Genuss und Vergnügen getroffen haben. Vor vier Jahren übernahm Iris Porsche das Haus und machte es zu einem exklusiven und stilvollen Ort der Gastlichkeit.

Dazu gehört zum einen die Küche, die Joachim Windhagers Reich ist. Er setzt den Schwerpunkt auf Spezialitäten aus regionalen Produkten, weiß aber auch raffinierte Köstlichkeiten aus aller Welt zu inszenieren. Auf edlem Porzellan treffen sich so Trüffel und Maispoularde, Mondsee-Saibling und weißer Balsamico oder Thalgauer Spargel und Weizensprossengras. Knapp 90 Prozent der Produkte, die Windhager zu mehrfach ausgezeichneten Genussvariationen verarbeitet, kommen aus der Region. Dazu empfiehlt der Sommelier edle Tropfen österreichischer oder internationaler Provenienz.

Die Gastlichkeit spiegelt sich auch in den stilvollen Nichtraucher-Design-Zimmern und Suiten in Beige und Chocolat und darauf abgestimmten frischen Farbakzenten. Der Standard ist äußerst hoch – vollklimatisiert, mit geräumigen Bädern samt Dampfdusche und funktionellen Details. So schafft in einer Suite der Durchblick zum Bad ein ungewöhnliches Raumerlebnis – auf Knopfdruck wird die trennende Scheibe undurchsichtig. Sämtliche Zimmer sind mit Flat-Screens, Radio, Safe und Wireless LAN ausgestattet.

So schön ein Wellness-Genuss im eigenen Zimmer sein kann – das Beauty & Day Spa ist eine verlockende Abwechslung. WellAging-Treatments, Behandlungsmethoden der exklusiven

Honolulu Juicer

Linie Piroche Cosmetiques, Bio- und finnische Sauna, Infrarotkabinen, ein Rasulbad sowie ein Ruhebereich mit Teebar lassen alle Anspannungen des Alltags spurlos verfliegen.

Das ganze Jahr über schnürt das Iris Porsche Hotel & Restaurant spezielle Packages mit besonderen Schwerpunkten. „Fit in den Frühling" startet man mit einer geführten Wanderung und einer Relax-Massage. Im Sommer kann man „Golf, Spa und Gourmet" miteinander verbinden, bekommt dabei drei Greenfees im regionalen Golfclub sowie eine exklusive Golfer-Massage. Und im Winter kann man „Romantische Adventstage" inklusive Punsch und Weihnachtsbäckerei, winterlicher Schifffahrt und viergängigem Adventmenü verbringen. Zwischen den Jahreszeiten locken „Ladies Special" mit Wohlfühlscheck im Beauty & Day Spa oder das „Die Liebe festhalten"-Package, bei dem man gemeinsam mit einem professionellen Fotografen den romantischen Augenblick auf Zelluloid bannen kann.

Die große Basilika zum Heiligen Michael gleich um die Ecke ist ein beliebter Ort für Trauungen – und das nicht erst, seit sich Julie Andrews und Christopher Plummer vor 50 Jahren als Filmehepaar im Musical „Sound of Music" dort das Jawort gaben. Und für Hochzeitsfeiern in kleinem, exklusivem Rahmen ist das Iris Porsche Hotel & Restaurant wie geschaffen. Das Hotel-Team hilft gerne bei der Organisation der kompletten Zeremonie.

Auch wer einfach nur zum Frühstück vorbeikommen will, ist gleichermaßen herzlich willkommen. Von September bis Pfingsten bietet der Sonntagsbrunch vom erweiterten Frühstück über die Suppe und die Vorspeisen der Mittagskarte alles, was den Hunger stillen kann.

IRIS PORSCHE HOTEL & RESTAURANT
Geschäftsführer Wolfgang Birklbauer
Marktplatz 1, A-5310 Mondsee
Tel. 00 43 (0) 62 32 / 22 37
www.irisporsche.at

ERLACHMÜHLE IN MONDSEE

Die einzige noch in Betrieb befindliche Mühle im Mondseeland

Umgeben von Wiesen und Wäldern an der Zeller Ache, mit Panoramablick auf die heimischen Berge, und am Ende des Helenenweges (20 Gehminuten oder fünf Autominuten von Mondsee) liegt die Erlachmühle, die im Jahr 1416 erstmals urkundlich erwähnt wurde.

Sie ist die einzige noch aktive Mühle im ganzen Mondseeland. Im Sommer gibt es die Möglichkeit, die Schaumühle, in der noch Getreide zu Mehl gemahlen wird, und die Holzofenbäckerei zu besichtigen und die Verarbeitung des Korns zum Holzofenbrot kennenzulernen.

Das Holzofenbrot besteht aus selbst gemahlenem Roggenmehl, Wasser, Salz und dem eigenen gezüchteten Natursauerteig. Es wird im direkt beheizten Holzofen gebacken und bekommt damit seinen einzigartigen Geschmack. Das Holzofenbrot gibt es in der Mühle gegen Vorbestellung oder in den örtlichen Geschäften. Bio- und Naturprodukte, wie verschiedene Mehle, Dinkelprodukte, Nudeln und mehr, sind ebenfalls bei der Erlachmühle erhältlich.

Betrieben wird die Mühle vom Chef des Hauses, Müller- und Bäckermeister August Wieneroither, und mittlerweile auch seinem Sohn August. Antonia Wieneroither bietet in den Müllerstuben oder im sonnigen Gastgarten selbstgemachte Schmankerln, wie zum Beispiel Räucherschinken im Brotteig oder „zaum g'legte" (gefüllte Knödel) und noch mehr, an. Jeden Dienstag werden zusätzlich Bauernkrapfen am offenen Feuer im Grünen gebacken.

Die Erlachmühle ist ein idealer Ausgangspunkt für Wanderer und Radfahrer. Zusätzlich bietet die Familie Wieneroither auch komfortable Ferienwohnungen an (von 40 bis 90 Quadratmeter).

Detaillierte Informationen zu den Öffnungs- und Besichtigungszeiten sowie zum kompletten Angebot findet man unter: www.erlachmuehle.at

ERLACHMÜHLE
Familie Wieneroither
Vogelsangstraße 33, A-5310 Mondsee
Tel. 00 43 (0) 62 32 / 25 78
www.erlachmuehle.at

DREISTERNEPLUS-AUSSICHT

Neue österreichische Landküche im Gasthof Schönberger

KALBSGESCHNETZELTES MIT EIERSCHWAMMERLN IN KRÄUTERRAHM UND SCHUPFNUDELN
Dieses Rezept finden Sie auf der Seite 143

Den fantastischen Blick auf das Höllengebirge, die Attersee-Dörfer entlang des Ufers und das klare Wasser – genossen hat diese Aussicht bereits der Urgroßvater von Stefan Schönberger, der als Landwirt mit dem Hausnamen Seepointler in einem Austragshäusl seinen Lebensabend beschloss. Heute führt der Urenkel ein Dreisterneplus-Haus an der gleichen Stelle und teilt die atemberaubende Aussicht mit seinen Gästen, von denen viele im Laufe der Jahrzehnte zu Stammgästen geworden sind.

Dazu beigetragen hat zum einen die herzliche Gastfreundschaft der Familie Schönberger. 1966 begann sie mit einer Frühstückspension und erweiterte sie im Laufe der Jahre. Als Sohn Stefan das Haus übernahm, gab es lediglich zwei Komfortzimmer – heute haben Übernachtungsgäste die Wahl zwischen 40 Betten in Einzel-, Doppel-, Dreibett- und Familienzimmern. Das Beste neben dem Seeblick: Wer Halbpension bucht, kann sein Dreigängemenü à la carte und ganz nach Gusto und Hunger zusammenstellen. Das ist wahrer Luxus.

Für die Köstlichkeiten der „Neuen österreichischen Landküche" zeichnet Küchenchef Karl Elmer verantwortlich. Als er nach vielen Jahren in der Fünfsternegastronomie den Kochlöffel von Stefan Schönbergers Mutter übernahm, schaffte er den Spagat zwischen ihren traditionellen, beliebten Gerichten und einer innovativen, bodenständigen Kulinarik. Stammgäste lieben das Salzkammergut-Schnitzel, das mit Schinken, Käse, Kräutern und Pilzen gefüllt und dann paniert gebacken wird. Geblieben sind auch die „richtigen" Rindssuppen, für die das Haus bekannt ist. Die Landküche mit geraden, einfachen Gerichten ist auf der Tageskarte zu finden, die stets neu und frisch zusammengestellt wird.

Wer den Gasthof Schönberger an einem schönen Tag ansteuert, sollte die Landstraße über Oberaschau wählen. Der Attersee liegt als Belohnung zu Füßen.

PANORAMAHOTEL-GASTHOF SCHÖNBERGER
Inhaber Stefan Schönberger
Seepoint 10, A-4865 Nussdorf am Attersee
Tel. 00 43 (0) 76 66 / 80 06
www.gasthof-schoenberger.at

GEHOBENE REGIONALE KÜCHE

Das Häupl ist beides: Hotel und Gourmet-Tempel

PFIRSICH MELBA „VERSION 2012"
Dieses Rezept finden Sie auf der Seite 144

Souffliertes Ei – im Winter mit schwarzem Trüffel, im Sommer mit Flusskrebsen aus den Traunauen –, Hirschrücken mit Grießstrudel oder poelierter Waller, der mit Steinpilz-Sud übergossen wird – das Häupl war und ist ein Muss für alle, die fein und trotzdem bodenständig essen gehen möchten. Küchenchef Klaus Kobald verwendet so weit wie möglich Zutaten mit dem AMA-Gütesiegel und serviert neben den gehobenen, von Gault Millau und A la Carte gelobten Gerichten auch Wirtshaus-Klassiker wie Tafelspitz aus dem Römertopf, Wiener Schnitzel und Salzburger Nockerl sowie regionale Spezialitäten wie die Attersee-Reinanke und den Attersee-Saibling. Wer vorbestellt, darf sich im Winter auf Lièvre à la royale (Hase) mit hausgemachten Tagliatelle freuen. Im Sommer serviert Kobald den Schlögel vom Pauillac-Lamm mit Ratatouille, Rosmarinjus und Pommes Maxime.

Kombiniert werden die Schmankerln mit österreichischen Weinen, die nicht nur von bekannten Koryphäen stammen. Immer wieder findet sich ein Geheimtipp unter den Winzern, den es zu entdecken lohnt. Das gilt auch für die über 50 Edelbrände, die ein gutes Essen abrunden. Mit nach Hause nehmen kann man die noblen Tropfen auch, denn 2012 hat die hauseigene Vinothek eröffnet.

Seit 1831 gibt es in Seewalchen das Gasthaus, von dem noch heute das Stüberl und die Bar erzählen. Im Laufe der Jahre wurde das Haus stetig erweitert und erneuert, zum Restaurant und Hotel ausgebaut. Inzwischen verfügt es über 33 Doppelzimmer, mehr als die Hälfte davon mit Atterseeblick und Balkon. Und das genießen zunehmend auch Geschäftsreisende, die beim Häupl ein Viersternehaus mit guter Autobahnanbindung, Massage- und Trainingsbereich vorfinden. Zwei Seminarräume mit moderner Ausstattung ergänzen das Angebot für jene, die Lernen mit Leben verbinden möchten.

HOTEL-RESTAURANT HÄUPL
Hauptstraße 20, A-4863 Seewalchen
Tel. 00 43 (0) 76 62 / 2 98 60
www.hotel-haeupl.at

RESTAURANT
Gassner
CAFE KONDITOREI

DAS VOLLE PROGRAMM

Cremeschnitte und Co. im Restaurant-Café-Konditorei Gassner

KAPUZINER

Dieses Rezept finden Sie auf der Seite 146

Es war einmal ein Zuckerbäcker, der seine Waren in einen Rucksack packte und auf dem Fahrrad Kunden im ganzen Atterseegebiet mit Mehlspeisen belieferte. Das war in den 1930er-Jahren. 1946, als Josef Gassner aus dem Krieg zurückkam, ging es aufwärts mit dem Betrieb. Gemeinsam mit seiner Frau eröffnete er weitere Zweigstellen, modernisierte und erweiterte seine Konditorei. Als er sich 1967 zur Ruhe setzte, blieb sein Sohn Josef Junior auf Expansionskurs. Seine Frau Franziska und er bauten die Niederlassung in Attersee Anfang der 1980er-Jahre großzügig und gemütlich um und legten besonderen Wert darauf, dem Gast das herrliche Panorama des Attersees zu öffnen. 1995 wurde der Hauptbetrieb in Sankt Georgen komplett erneuert. Mit dem Café-Restaurant mit über 100 Sitzplätzen und einem schönen Gastgarten samt Springbrunnen begann ein neues Zeitalter.

Mit Martin Gassner ist inzwischen die dritte Generation im Einsatz. Und auch wenn heute keine Spur mehr von Großvaters Backofen zu finden ist, der noch mit Kohlen beheizt wurde, lebt in der Konditorei die alte, gut bewährte Handwerkskunst weiter. Viele Rezepte stammen noch aus der Zeit von damals, etwa für den Krapfen oder die Cremeschnitte, das wohl weithin bekannteste Gustostückerl der Konditorei Gassner.

Die Konditorei ist inzwischen auch Café, Restaurant und Patisserie geworden. An 365 Tagen bieten die Gassners ihren Gästen das volle Programm. Essen am Nachmittag? Kein Problem. Sektfrühstück auch am Feiertag? Selbstverständlich. Essen mitnehmen? Kein Thema. Einfach anrufen, bestellen und abholen. Die Nachfrage nach Speisen und Mehlspeisen steigt von Jahr zu Jahr – wen wundert's?

RESTAURANT-CAFÉ-KONDITOREI GASSNER
Gassner GmbH & Co KG
Attergaustraße 30, A-4880 St. Georgen im Attergau
Tel. 00 43 (0) 76 67 / 87 57
www.gassner.cc

DER PERFEKTE BISSEN

Schnörkellose Küchenphilosophie mit zwei Hauben im Timbale

SAVARIN VOM BACHSAIBLING
MIT PETERSILIE UND WACHTELEI
Dieses Rezept finden Sie auf der Seite 145

Zu Beginn gleich eine Warnung: Lassen Sie sich nicht mit Golfo ein! Golfo ist der heimliche Geschäftsführer des „Timbale" und ein mallorquinisches Streunerknäuel, das unendlich anlehnungs- und streichelbedürftig ist. Wer sich einmal in Golfo verliebt hat, vergisst das Essen – leidenschaftliche Kompositionen des Küchenchefs, absolut frisch, auf höchstem Niveau und mit erstklassigen Produkten aus der Region zubereitet. Und Sie wollen doch nicht auf dieses kulinarische Erlebnis verzichten?!

2012 haben Kerstin Emmer und Stefan Schamberger das „Timbale" übernommen. Nach ihrer kulinarischen Reise durch sieben europäische Länder nutzten sie damit die Chance, ihre eigenen Ideen und Vorstellungen umsetzen zu können. Das, was sie geschafft haben, lässt sich sehen – und loben. Der Gault Millau Österreich hat das mit zwei Hauben getan.

Zu verdanken ist der ausgezeichnete Genuss der Passion Stefan Schambergers. Vom Brot bis zu den Petit Fours rührt, bäckt, kocht und brät er alles selbst, Geschmacksverstärker sind ein absolutes „No-Go". Mit seiner schnörkellosen Küchenphilosophie arbeitet er auf den perfekten Bissen hin, der am Gaumen die Bestandteile eines Gerichtes zum vollendeten Geschmack zusammenführt. Mit seinem modernen, französisch-mediterranen Küchenstil interpretiert er Klassiker neu und konzentriert sich dabei aufs Wesentliche.

Und während Stefan Schamberger in der Küche seiner Berufung nachgeht, hält Kerstin Emmer ihm den Rücken frei. Das macht sie mit ihrer charmanten Art nicht nur im Restaurant, sondern auch dann, wenn sie sich nach dem Streuselkuchen ihrer hessischen Heimat sehnt. Da wird nicht lange herum gemessen und überlegt, sondern intuitiv vermischt, was gerade da ist. „Ihre Kuchen sind ein Wahnsinn", sagt der Haubenkoch und meint das als Auszeichnung.

RESTAURANT TIMBALE
Salzburger Straße 2, A-5340 St. Gilgen
Tel. 00 43 (0) 62 27/ 75 87
www.timbale.at

Old Judge
Tobacco
Glenfiddich
Süßes Österreich

KAFFEEHAUS MIT IRISCHEM TOUCH

Im Café Nannerl ist die Geschichte lebendig

CAFÉ NANNERLS APFEL-BAISER-KUCHEN
Dieses Rezept finden Sie auf der Seite 146

Das Café Nannerl ist eine Institution in Sankt Gilgen. Von den Urgroßeltern des heutigen Geschäftsführers Michael Weiß als Stadthaus errichtet, hat es die Familie seit 1956 zu einem Schmuckkästchen-Kaffeehaus gemacht. Und doch ist es mehr als das, nämlich eine einzigartige Mischung aus Pub und Beisl, Teestube und Wohnzimmer. Kein Wunder also, dass sich hier deutsche und österreichische Bundeskanzler wie Helmut Kohl und Wolfgang Schüssel wohl fühl(t)en und man immer wieder auf Schauspieler wie Karl Markovics („Die Fälscher") trifft. Tatsächlich wohnen kann man im Nannerl übrigens auch, und zwar in einer Ferienwohnung!

Seinen Namen hat das Kaffeehaus von Mozarts Schwester Nannerl, die nach ihrer Heirat mit dem Reichsfreiherrn Johann Baptist Berchtold zu Sonnenburg in Sankt Gilgen wohnte. Noch heute ist ihr eine Dauerausstellung im hiesigen Mozart-Haus gewidmet, das nur wenige Meter vom Nannerl entfernt liegt.

Nicht nur der Name des Cafés zieht Menschen an, sondern auch die 15 verschiedenen Kuchen und Torten, die Michelle, die Frau an der Seite von Michael Weiß, jeden Tag nach den Rezepten von Großmutter und Mutter bäckt. Das absolute Highlight ist die Malakoff-Torte nach geheimem Rezept, der Hausherr liebt den Apfel-Baiser-Kuchen. Dazu passt eine von 20 verschiedenen Sorten Tee, eine heiße Schokolade mit Rum oder Amaretto namens „Alter Sünder" oder ein Verlängerter. Ein Besuch im Nannerl ist also für jeden Sankt-Gilgen-Besucher ein Muss!

Von einer ganz anderen Seite präsentiert sich das Nannerl am Abend, denn da zeigt es sein irisches Gesicht, wird zum Pub mit offenem Guiness, Cider und Original Irish Coffee. Einmal wöchentlich kocht Michelle, selbst gebürtige Irin, ein traditionelles Irish Stew. Auch auf dem samstäglichen Wochenmarkt mit seinen 20 Ständen regionaler Köstlichkeiten ist Michael Weiß' Café präsent: mit einem Kuchenstand und einem Würstlstand, wo er die 25 Zentimeter langen Nannerl-Würstchen anbietet.

CAFÉ NANNERL
Geschäftsführer Michael Weiß
Kirchenplatz 2, A-5340 St. Gilgen
Tel. 00 43 (0) 62 27 / 23 68
www.cafenannerl.at

AUSATMEN UND AUFLEBEN

Urlaubern im Hotel Hollweger liegt das Salzkammergut zu Füßen

Stellen Sie sich vor, Sie treten in der Morgensonne auf Ihren Balkon und überlegen sich, was der Urlaubstag bringen könnte. Sie blicken nach rechts und sehen die Gondel auf das Zwölferhorn schweben. Sie blicken geradeaus und sehen die „MS Salzkammergut" von der 40 Schiffsminuten entfernten Station in Sankt Wolfgang auslaufen. Sie blicken nach links und sehen auf die Glücksplätze entlang des Falkensteins. Und Sie blicken nach unten und sehen einen weitläufigen, gepflegten Garten mit einem lichtdurchfluteten Panorama-Hallenbad und einladenden Liegen. Schöner kann die Qual der Wahl nicht sein!

Dieser Balkon gehört zum Hotel Hollweger in Sankt Gilgen. Wer hier durch die Türe tritt, atmet auf. Denn obwohl es als Ausgangspunkt für Abstecher an den Mondsee, nach Bad Ischl oder Salzburg ideal ist, schenkt das Viersternehaus eines im Überfluss: Ruhe.

Genießen Sie Hollwegers Spa. Verschiedene Massagen und Gesichtsbehandlungen unterstützen die Entspannung, ebenso wie die finnische Sauna, das Aroma-Dampfbad, die Infrarot-Kabine und das Kräuternebelbad. Gleichfalls eine echte Wohltat ist das Kneippen vor der Wand aus echtem Naturstein. Ganz einfach wird Wellness auch bei einem Sprung in den See; der Badeplatz des Hotels liegt in der malerischen Brunnwinklbucht – Ruderboot und Seesauna inklusive.

Familie Hollweger & das Hollweger-Team bieten ihren Gästen seit Jahrzehnten einen schönen, unvergesslichen Urlaub am Wolfgangsee. 1960 haben die Eltern von Gastgeberin Gerda Hollweger das Hotel erbaut, das seitdem stetig und mit Liebe erweitert wurde. Die Gästezimmer – wahlweise traditionell elegant oder zeitgemäß modern – sind einfach zum Wohlfühlen und keines gleicht dem anderen.

Das kulinarische Angebot im Restaurant zeichnet sich durch regionale Gerichte mit leichter Note aus. Erlesene österreichische Weine runden das Angebot ab. Deshalb ist das Hotel Hollweger ein idealer Platz für Feierlichkeiten in kleinem Rahmen.

KALBSFILET AN STEINPILZEN MIT HERZOGIN-KARTOFFELN UND ZUCCHINITÜRMCHEN

Dieses Rezept finden Sie auf der Seite 147

HOTEL HOLLWEGER
Familie Hollweger
Mondsee Bundesstraße 2, A-5340 St. Gilgen
Tel. 00 43 (0) 62 27 / 22 26
www.hollweger.at

MIT DEM KLISCHEE BRECHEN

Loden und Leichtigkeit erleben im Gasthof zur Post

Ein großes Jubiläum wirft im Gasthof zur Post seine Schatten voraus: Im Jahr 1415 wurde dem Haus erstmals erlaubt, Bier auszuschenken Früher diente es als Poststation, und wer einen Blick in den heutigen Weinkeller wirft, tut das durch das damalige Eingangstor. Mittlerweile steht es unter Denkmalschutz – trotzdem ist es von traditioneller Zeitlosigkeit geprägt.

Für Übernachtungsgäste stehen 33 Doppelzimmer und Suiten bereit, alle geprägt von einem urig-innovativen Flair. Wildkrückerl dienen als Vorhangstangen-Aufhängung, Bauholz wurde nach der Renovierung nicht entsorgt, sondern beispielsweise originell zu Bettrahmen verarbeitet. Grüner Loden, Holz und Geweihe mögen an einen Heimatfilm erinnern – Badewannen gleich neben dem Bett brechen das Klischee aber mit Leichtigkeit auf.

Auch in der Küche ist man der Tradition verpflichtet, interpretiert diese aber mit einem Augenzwinkern. Die Ganslsuppe wird mit einem Hauch von Curry und Ingwer eingeschenkt, der Kaiserschmarrn mit karamellisierten Äpfeln und Walnüssen serviert. Wer wissen will, woher die Produkte stammen, findet die Hersteller auf der Speisekarte. Das Lamm etwa kommt vom Bauernhof der Familie Ebner am Mondsee, die Fische aus der Schlossfischerei Fuschl. Und weil Sankt Gilgen von herrlichen Jagdrevieren umgeben ist, stammt das Wild vom Schafberg, dem Zwölferhorn oder der Postalm. Durchschnittlich alle sechs Wochen kann man die Karte neu entdecken, die stets der Jahreszeit und dem regionalen Angebot angepasst wird.

Um die Köstlichkeiten im Gasthof zur Post zu genießen, bietet sich im Winter eines der gemütlichen Stüberln an, in der warmen Jahreszeit sitzt man gerne in der Laube oder im Frühstückssalettl direkt am Mozartplatz. Ab dem Sommer 2013 erhält das Haus mit einem modernen Wellnessbereich auf der Panoramaterrasse eine zusätzliche Attraktion.

NÜSSCHEN VOM MONDSEELAMM AN RAHMPOLENTA UND JUNGEM KRAUT
Dieses Rezept finden Sie auf der Seite 148

HOTEL GASTHOF ZUR POST
Familie Leitner
Mozartplatz 8, A-340 St.Gilgen
Tel. 00 43 (0) 62 27 / 21 57
www.gasthofzurpost.at

WIRT
am Gries
6
WIRT am Gries

FAMILIÄRE GASTLICHKEIT

Leichte Kräuterküche beim Wirt am Gries zu Sankt Gilgen

Sitzt man im großen, ruhigen Gastgarten mit seinem überdachten Salettl, befindet man sich mitten in der Natur. Natur, das sind hier – neben einer Spielwiese für Kinder – 80 verschiedene Kräuter, vom Liebstöckl bis zum Thymian. Als wären das noch nicht genug, schlendert Wirtin Elisabeth Tritscher in ihrer Entspannungszeit durch Wiesen und Wälder, um Bärlauch oder wilde Minze zu sammeln und damit ihre Schmankerln zu verfeinern.

Seit 20 Jahren führt sie gemeinsam mit ihrem Mann Martin das Gasthaus Wirt am Gries, das seit 1972 ein Familienbetrieb ist. Von den zahlreichen Stammgästen sind viele über die Jahre zu Freunden geworden. Sie schätzen die unaufdringliche, herzliche Art des Wirtes, der sie empfängt und sich ehrlich nach ihrem Befinden erkundigt. Und sie würdigen die natürliche, regionale, leichte Küche von Wirtin Elisabeth.

Als noch niemand über ökologisches Bewusstsein sprach und regionale Spezialitäten noch exotisch schienen, kochte sie bereits nach dem Motto „Warum in die Ferne schweifen, wenn das Gute liegt so nah". Das, was die Region an Besonderheiten hergibt, verwandelt Elisabeth Tritscher in liebevolle Gerichte mit dem gewissen Etwas. So wird zum Beispiel der Fuschlsee-Saibling im Frühling mit Brunnenkresse-Risotto und Spargel, im Sommer mit Eierschwammerln und im Herbst mit Kürbis und Ingwer serviert. Das zeigt schon, dass hier im Einklang mit den Jahreszeiten gekocht wird. Wenn dann der Winter einzieht, darf es schon ein bisschen deftiger sein. Da stehen dann Wildgerichte, knusprige Gansln und regionale Hausmannskost im Vordergrund. Natürlich dürfen auch Klassiker wie das Wiener Schnitzel, gebacken in Butterschmalz, oder gekochte Gustostückerl vom heimischen Rind nicht fehlen.

Die rund 50 verschiedenen Schnäpse und Edelbrände kommen ebenfalls von Brennern aus der Region, die Weine ausschließlich aus Österreich. Für stimmungsvolle Hochzeiten und Familienfeiern eignen sich die gemütliche Gaststube, das abtrennbare Stüberl oder der neue Saal für 140 Personen ideal.

REHRÜCKEN AUF GARTENKRÄUTERRISOTTO UND GEBRATENEN WALDPILZEN
Dieses Rezept finden Sie auf der Seite 149

GASTHAUS WIRT AM GRIES
Inhaber Elisabeth und Martin Tritscher
Steinklüftstraße 6, A-5340 St. Gilgen
Tel. 00 43 (0) 62 27 / 23 86
www.wirtamgries.at

Franzl's Hütte

MIT VIEL LIEBE ZUM GAST

Auf der Franzl's Hütte am Zwölferhorn lässt man den Alltag hinter sich

KASPRESSKNÖDEL
Dieses Rezept finden Sie auf der Seite 148

Im Wolfgangsee zu baden, ist etwas Feines; ihn von der Franzl's Hütte auf 1480 Meter zu betrachten, hat eine ganz andere Qualität. Seit 2007 bewirten Maria Teichmeister und Franz Klaushofer den Berggasthof auf dem Zwölferhorn und verwöhnen seitdem ihre Gäste das ganze Jahr über mit Hingabe, Gelassenheit und guter, heimischer Küche.

Seit 25 Jahren ist Franz Klaushofer schon Hüttenwirt, und er ist es mit Leib, Seele und gelassener Freundlichkeit. Gastfreundschaft ist seine Leidenschaft, während das gute Essen Maria Teichmeister am Herzen liegt. Aus regionalen Produkten bereitet sie mit viel Liebe täglich frische Gerichte für ihre Speisekarte zu. Auf der Terrasse wachsen im Sommer die Kräuter, die sie ihren Spezialitäten beifügt; weitere kommen aus dem Kräutergarten der Mutter im Salzburger Pinzgau. Sie geben unter anderem der Rindssuppe, die in einem gigantischen Suppentopf bis zu acht Stunden zieht, ein ganz besonderes Aroma. Unverfälscht und echt schmecken auch der Schweinsbraten mit Semmelknödel oder süße Köstlichkeiten wie die Ribiselschnitte aus Johannisbeeren nach überliefertem Rezept.

Weil auf der Franzl's Hütte der Blick einfach grandios, die Stimmung entspannt und die Salzburger Hausmannskost schmackhaft sind, kommen nicht selten Mountainbiker oder Skitourengeher auf den Berg, um hier ihren Tag zu beschließen. Wer abschalten und den Alltag hinter sich lassen will, kann bleiben, denn auf der Franzl's Hütte kann man in Doppel- und Vierbettzimmern sowie im Matratzenlager übernachten. So kommt man auch in den Genuss des wunderbaren Zwölferhorn-Frühstücks. Geöffnet ist die Hütte im Sommer von Mai bis Oktober, im Winter von Dezember bis Ostern. Zu dieser Zeit finden auch dienstags, mittwochs und donnerstags Tourenski-Abende statt. Am Montag hat die Franzl's Hütte mit Ausnahme der Ferienzeiten sowie Juli und August Ruhetag.

FRANZL'S HÜTTE
Maria Teichmeister und Franz Klaushofer
Laim 31, A-5340 St. Gilgen
Tel. 00 43 (0) 664 / 2 65 82 07
Tel. 00 43 (0) 664 / 2 46 06 70
www.franzlshuette.at

REZEPTE

FORELLE GEBRATEN MIT BUTTERKARTOFFELN

Gasthof Hotel Aberseehof, Seite 114

ZUTATEN FÜR 4 PERSONEN

4 frische Forellen à 200–250 g, küchenfertig vorbereitet,
2 EL Mehl, Salz, Pfeffer
1 Bund Petersilie, 3 Knoblauchzehen, 6–8 EL Olivenöl,
70 g Butter, 1 Zitrone
8 Kartoffeln, 2 EL Butter zum Schwenken, 1 Zitrone

ZUBEREITUNG

Fische gründlich unter fließendem, kalten Wasser abspülen und trocken tupfen. Innen und außen salzen und pfeffern. In Mehl wenden.
Petersilie waschen und trocken schütteln. Knoblauch schälen und beides sehr fein hacken.
Olivenöl in eine große Pfanne geben und schonend erhitzen. Forellen von beiden Seiten circa zehn Minuten darin anbraten. Das Öl abgießen, die Butter zu den Fischen geben und schmelzen lassen.
Petersilie und Knoblauch unter ständigem Rühren bei schwacher Hitze anbraten, bis der Knoblauch leicht gelb wird.
Kartoffeln kochen, schälen und in geschmolzener Butter schwenken.
Forelle auf Teller anrichten und Petersilie-Knoblauch-Gemisch auf die Außenseite der Fische träufeln.
Kartoffeln dazugeben und fein mit der Zitrone garniert servieren.
Dazu passt der würzige Apfelduft des Welschrieslings vom steirischen Weingut Polz.

HOLLERI, HOLLERO, HOLLERREH

Hotel Alte Post Faistenau, Seite 116

ZUTATEN FÜR 4 PERSONEN

800 g Rehrücken, 2–3 Schalotten, 100 g Holunderbeeren (Hollerbeeren), 1 Spritzer Balsamico-Essig, 1 Spritzer Preiselbeer-Essig, 60 ml Rotwein, 60 ml roter Portwein, etwas eisgekühlte Butter, je 1 Stängel Thymian und Rosmarin, Salz, bunter Pfeffer, Cayennepfeffer

ZUBEREITUNG

Rehrücken in 200 Gramm schwere Stücke portionieren, mit geschrotetem Pfeffer würzen und in der Pfanne scharf anbraten. Fleisch aus der Pfanne nehmen. Fein geschnittene Schalotten im Bratenrückstand schwenken, mit Balsamico-Essig ablöschen und einreduzieren lassen.
Mit Portwein und Rotwein aufgießen und köcheln lassen.
Rosmarin und Thymian dazu geben.
Rehrücken in eine Reine geben und im Backrohr bei 100 °C langsam garen, bis das Fleisch medium ist (maximal 30 Minuten).
Die Sauce nach dem Einreduzieren abseihen und mit Salz und Pfeffer abschmecken. In einer größeren Pfanne die Holunderbeeren in etwas Butter anschwenken, die Sauce dazugeben und aufkochen lassen. Mit Salz, Pfeffer, Cayennepfeffer und Preiselbeer-Essig abschmecken. Die Sauce mit Butter montieren und das Fleisch damit überglänzen. Fleisch gegen die Fasern halbieren und am Teller anrichten.
Dazu passen Topfen-Haselnuss-Knödel und Zuckererbsen-Creme.

MONDSEE-ZANDERFILET MIT PERLGRAUPEN UND OFENKÜRBIS

Iris Porsche Hotel & Restaurant, Seite 118

ZUTATEN FÜR 4 PERSONEN

600 g Zanderfilet, Olivenöl zum Anbraten, Salz, Pfeffer

GRAUPEN

250 g Perlgraupen, 1 Zwiebel, 1 Knoblauchzehe, 200 ml Weißwein, 250 ml Gemüsefond, 3 Stangen grüner Spargel, 100 g Butter, Salz, Pfeffer

OFENKÜRBIS

1 kleiner Muskatkürbis (ca. 1 kg), 100 ml Olivenöl, 1 Thymianzweig, 2 EL Meersalz, 500 ml Gemüsefond oder Rindssuppe

ZUBEREITUNG

Muskatkürbis einschneiden und mit Olivenöl, Meersalz und frischem Thymian füllen – im Rohr bei 180 °C anderthalb Stunden backen.
Gewaschene Perlgraupen mit fein gehackter Zwiebel und Knoblauch in Butter anschwitzen und mit Weißwein und Fond ablöschen. Kochen, bis sie weich sind.
Danach den grünen Spargel in Würfel schneiden und mit den Perlgraupen vermengen. Kurz mitkochen, mit Butter, Salz und Pfeffer abschmecken.
Den Zander in vier Stücke schneiden, würzen und in Olivenöl auf der Hautseite anbraten. Circa fünf bis sechs Minuten im Rohr bei 160 °C nachziehen lassen.
Den Kürbis schälen, entkernen, pürieren und mit Salz abschmecken. Kleine Nockerl formen und mit dem Zander auf den Perlgraupen anrichten.

KALBSGESCHNETZELTES MIT EIERSCHWAMMERLN IN KRÄUTERRAHM UND SCHUPFNUDELN

Panoramahotel-Gasthof Schönberger, Seite 124

ZUTATEN FÜR 4 PERSONEN

600 g Kalbsfilet, zugeputzt, 1 Lauch oder 3 Frühlingszwiebeln, 200 g Eierschwammerl (oder auch Steinpilze, Champignons, Austernpilze), etwas Rapsöl, 125 ml Weißwein, 250 ml Schlagobers, etwas Mehl, Salz, Pfeffer, frische Kräuter (Petersilie, Kerbel, Schnittlauch)

SCHUPFNUDELN

200 g mehligkochende Erdäpfel, gekocht und geschält, 100 g griffiges Mehl, 40 g Weizengrieß, 30 g Butter, 1 Ei, etwas Butterschmalz, etwas Mehl, Salz

ZUBEREITUNG

Kalbsfilet in dünne Scheiben schneiden. Lauch oder Frühlingszwiebeln gut waschen und in Ringe schneiden. Eierschwammerl putzen. Rapsöl in der Pfanne erhitzen, Kalbsfilet rasch sautieren und auf ein vorgewärmtes Teller geben. Im Bratensatz Eierschwammerl und Lauch anrösten. Mit einer Handspitze Mehl stauben und kurz rösten. Mit Weißwein ablöschen und Obers aufgießen. Bis zu einer sämigen Konsistenz einreduzieren, Fleisch in die Sauce geben. Etwas pfeffern und salzen und mit den gehackten Kräutern verfeinern.
Für die Schupfnudeln erkaltete Erdäpfel passieren. Alle Zutaten zu einem geschmeidigen Teig verarbeiten. Aus diesem eine dicke Rolle formen und auf bemehlter Arbeitsfläche in kleine Stücke schneiden. Teigstücke gut bemehlen und durch Vor- und Rückwärtsbewegung der Handfläche mit schwachem Druck zu Schupfnudeln formen. Im siedenden Salzwasser zwei Minuten kochen, abseihen, kalt spülen und in Butterschmalz in einer Pfanne unter ständigem Schwenken („Schupfen“) bräunen.

REZEPTE

PFIRSICH MELBA „VERSION 2012"

Hotel-Restaurant Häupl, Seite 126

ZUTATEN FÜR 8 PORTIONEN

SCHNEEKUPPELN

80 g Eiweiß, 76 g Kristallzucker, 72 g Staubzucker

VANILLEPARFAIT

95 g Milch, 75 g Kristallzucker, 25 g Vanillezucker, 1 Vanilleschote, 90 g Eidotter, 175 g Obers, Salz

HIMBEERMOUSSE

300 g Himbeermark von frischen Himbeeren, 1 Zitrone, 145 g Kristallzucker, 100 g Eiweiß, 250 g Obers

PFIRSICHE

4 schöne Pfirsiche, 300 g Kristallzucker, 1 Vanilleschote

GARNITUR

80 g geröstete Mandelhobel, 56 frische Himbeeren, 40 kleine Minzblätter

ZUBEREITUNG

Für die Schneekuppeln Eiweiß mit Kristallzucker aufschlagen, gesiebten Staubzucker unter die feste Schneemasse heben. Silikon-Halbkugelformen dünn mit der Schneemasse ausstreichen und für 12 Stunden bei 55 °C trocknen lassen. Von den Formen lösen, trocken aufbewahren.Für das Vanilleparfait Milch mit Zucker, Salz, Vanillezucker und der Vanilleschote aufkochen, mit den cremig gerührten Eidottern auf 72 °C erwärmen und erkalten lassen. Obers aufschlagen und unter die kalte Vanillemasse heben. In Savarinformen füllen, sofort in den Tiefkühlschrank stellen. Mindestens 3 Stunden durchfrieren lassen, danach auf ein kaltes Blech stürzen; wieder einfrieren.
Für das Himbeermouse 95 Gramm Kristallzucker mit 25 Milliliter Wasser aufkochen. Auf eine Temperatur von 121 °C einkochen lassen. Das Eiweiß aufschlagen und die heiße Zuckermasse einschlagen. Die jetzt entstandene italienische Meringue in der Rührmaschine kaltschlagen. In der Zwischenzeit Himbeermark mit Zitronensaft und Zeste sowie den verbliebenen 50 Gramm Kristallzucker vermengen. Einen kleine Teil davon zur Seite nehmen, aufkochen und die eingeweichte Gelatine darin auflösen. Das restliche Himbeermark untermischen. Anschließend vorsichtig die italienische Meringue unterheben. Das Obers aufschlagen und ebenfalls unterheben. Das fertige Mousse entweder in einen Spritzsack füllen oder in einem entsprechenden Behälter im Kühlschrank kaltstellen.
Die Pfirsiche halbieren und entsteinen. 300 Milliliter Wasser mit Zucker und Vanilleschote aufkochen, die Pfirsiche einlegen und für circa 6 Minuten ziehen lassen. Aus der Flüssigkeit nehmen und noch warm schälen. Sobald die Flüssigkeit ausgekühlt ist, die Pfirsiche wieder einlegen.
Beim Anrichten das Vanilleparfait in die Mitte eines runden Tellers setzen. Eine Pfirsichhälfte, welche Raumtemperatur haben sollte, mit der flachen Seite nach oben auf das Parfait setzen. Himbeermousse, das geschlagene Obers, Mandelhobel und zwei frische Himbeeren auf die Pfirsichhälfte anrichten. Die Eiweißkuppel auf die Pfirsichhälfte setzen. Zum Abschluss die verbleibenden Himbeeren und die Minzblätter rund um die Pfirsich Melba anrichten.

SAVARIN VOM BACHSAIBLING MIT PETERSILIE UND WACHTELEI

Restaurant Timbale, Seite 130

ZUTATEN FÜR 4 PERSONEN

4 Bachsaiblingsfilets, 4 Savarinförmchen, Butter für die Förmchen, Salz, Pfeffer

PETERSILIENMOUSSE

2 Bd. Petersilie, 100 ml Sahne, Salz, Pfeffer, Muskat

NAGE

1 kleine Schalotte, gewürfelt, 480 ml Fischfond, 6 EL Weißwein, 200 ml Crème Double, Salz, Pfeffer

GARNITUR

4 Wachteleier, gekocht, etwas Saiblingskaviar

ZUBEREITUNG

Die gewürzten Saiblingsfilets enthäuten, entgräten, würzen und in die gebutterten Förmchen geben und über heißem Wasserdampf drei Minuten garen. Danach aus der Form stürzen und leicht salzen.

Für die Petersilienmousse die gezupfte Petersilie in reichlich Salzwasser weich blanchieren, in Eiswasser abschrecken und gut ausdrücken. Die Sahne in einem Topf erhitzen und auf ein Drittel der Menge reduzieren lassen. Die ausgedrückte Petersilie dazugeben und sofort mixen. Mit Salz, Pfeffer und Muskat abschmecken.

Für die Nage (Saucengrundlage) alle Zutaten in einem Topf erhitzen und auf zwei Drittel der Menge reduzieren lassen. Kurz vor dem Anrichten einen Esslöffel Petersilienmousse untermischen.

Mit Wachteleiern, Saiblingskaviar und nach Belieben mit Wurzelgemüse der Saison anrichten.

TIPP: Wenn Sie keine Savarinförmchen zur Hand haben, schneiden Sie den Saibling in anderthalb Zentimeter dicke Scheiben und garen Sie ihn auf einem gebutterten Teller und mit Folie abgedeckt etwa 6 Minuten bei 80 °C .

REZEPTE

KAPUZINER

Restaurant-Café-Konditorei Gassner, Seite 128

ZUTATEN FÜR 12 STÜCK

BISKUITMASSE

200 g altbackene, entrindete Semmeln oder Toastbrot, 250 ml Milch, 120 g Butter, 9 g Vanillezucker, 120 g Eigelb, 110 g Haselnüsse, 110 g Walnüsse, 180 g Eiweiß, 120 g Kristallzucker, 1 Prise Salz

TRÄNKE

500 ml Weißwein oder Most, 20 ml Zitronensaft, 90 g Zucker, 500 ml frisch gepresster Orangensaft, 140 ml Rum

12 mit Butter bestrichene, mit Puderzucker bestreute kleine Kuchenformen

ZUBEREITUNG

Für die Biskuitmasse Semmeln in Milch einweichen, ausdrücken und passieren. Butter mit Vanillezucker und Salz schaumig rühren. Eigelb nach und nach zugeben. Die Masse mit den Semmeln vermengen und die geriebenen Nüsse einrühren. Eiweiß mit Kristallzucker zu Schnee schlagen und die Nussmasse unterheben. Die Masse in die Formen zu Dreiviertel füllen. Im Wasserbad bei circa 180 °C im Backrohr bei offenem Zug etwa 50 Minuten pochieren.
Für die Tränke alle Zutaten außer Rum warm machen, bis sich der Zucker aufgelöst hat, dann den Rum dazugeben.

Zur Dekoration den Kapuziner auf einen Teller stürzen, mit der Tränke übergießen und mit geschlagenem Schlagobers garnieren. Ein paar grobe Haselnüsse darüber streuen.

CAFÉ NANNERLS APFEL-BAISER-KUCHEN

Café Nannerl, Seite 132

ZUTATEN FÜR 12 STÜCK

BODEN

3 Eiweiß, 3 Eidotter, 150 g Feinkristallzucker, 150 g Butter, 150 g Mehl (fein), 50 g geriebene Haselnüsse, Saft und Schale von 1/2 Zitrone

FÜLLE

10–12 große Äpfel, 100 g Zucker, 1/2 TL Zimt, Saft von 1 Zitrone

BAISER

8 Eiweiß, 250 g Feinkristallzucker

ZUBEREITUNG

Für den Boden Eiweiß steif schlagen und beiseite stellen. Eidotter und Zucker cremig rühren. Die weiche Butter dazu rühren, bis eine cremige Konsistenz entsteht. Nach und nach Mehl und geschlagenes Eiweiß unterrühren. Zitronensaft und Zitronenschale sowie die Haselnüsse dazu mischen, bis ein glatter Teig entsteht. Auf ein gebuttertes Backblech verteilen. Den Boden bei 150 °C circa 15 Minuten goldbraun backen.
Äpfel schälen, entkernen und achteln. Mit dem Zucker, Zimt und Zitronensaft bei mittlerer Hitze dünsten, bis die Äpfel weich werden. Die Äpfel zu kleineren Stücken zerdrücken (bei Bedarf etwas Saft abgießen!) und auf den fertig gebackenen Boden verteilen.
Für das Baiser Eiweiß und Zucker auf hoher Stufe zu einem steifen Baiser rühren! Auf der Apfelfülle verteilen und bei 150 °C im Heißluftofen backen bis das Baiser schön braun und fest ist.

KALBSFILET AN STEINPILZEN MIT HERZOGINKARTOFFELN UND ZUCCHINITÜRMCHEN

Hotel Hollweger, Seite 134

ZUTATEN FÜR 4 PERSONEN:

800 g Kalbsfilet im Ganzen, 1 Rosmarinzweig, 1 EL Mehl, 125 ml Merlot, 125 ml Kalbsfond, Sonnenblumenöl zum Anbraten, 20 g kalte Butter, Salz, Pfeffer aus der Mühle

HERZOGINKARTOFFELN

500 g mehlige Kartoffeln, 10 g warme Butter, 2 Eidotter, 1 Msp. Muskatnuss gemahlen, 1/2 TL Salz

STEINPILZE

500 g Steinpilze, 1 kleine Zwiebel, 10 g Butter, frische Kräuter (z.B. Petersilie, Majoran), Salz, Pfeffer aus der Mühle

ZUCCHINITÜRMCHEN

2 kleine Zucchini, 2 Karotten, 1 Kohlrabi, 250 ml Gemüsefond, 10 g Butter, Salz, Pfeffer aus der Mühle

ZUBEREITUNG

Das Kalbsfilet salzen und pfeffern, in einer Pfanne mit heißem Öl und Rosmarin von allen Seiten scharf anbraten und anschließend in das vorgeheizte Backrohr für circa zwölf Minuten bei 200 °C geben.

In der Pfanne mit den Bratenrückständen etwas Öl erhitzen, mit Mehl stauben, Rotwein und Kalbsfond beigeben und reduzieren. Anschließend kalte Butter einrühren und mit Salz abschmecken.

Für die Herzoginkartoffeln Kartoffeln kochen und heiß pressen, mit warmer Butter, Dotter Salz und Muskatnuss vermengen. Die Masse in einen Spritzbeutel geben, auf ein mit Backpapier ausgelegtes Backblech dressieren und im vorgeheizten Backrohr 15 Minuten bei 180 °C goldgelb backen.

Die Steinpilze und die Zwiebel in feine Würfel schneiden und in der Butter bei mittlerer Hitze rösten. Salzen, pfeffern und mit den frischen Kräutern vermengen.

Für die Zucchinitürmchen die Enden der Zucchini abschneiden, das verbliebene Mittelstück halbieren und mit einem Teelöffel aushöhlen. Karotten, Kohlrabi und die Zucchiniabschnitte fein würfeln, in Butter bei mittlerer Hitze anschwitzen, mit Salz und Pfeffer würzen und in die Zucchini füllen. In einer Pfanne mit Gemüsefond circa 15 Minuten dünsten.

REZEPTE

NÜSSCHEN VOM MONDSEELAMM AN RAHMPOLENTA UND JUNGEM KRAUT

Hotel Gasthof zur Post, Seite 136

ZUTATEN FÜR 4 PERSONEN

800 g Lammnüsse (Schlögelteile), 125 ml Rotwein, einige Knoblauchzehen, Zweige von Rosmarin und Thymian, Olivenöl zum Anbraten, Salz, Pfeffer

POLENTA

120 g Polenta, 40 g Butter, 250 ml Gemüsefond, 125 ml Obers, 80 g reifer Bergkäse

KRAUT

1 Kopf Frühkraut, 40 g Butter, Salz, Kümmel

ZUBEREITUNG

Das Lammfleisch mit Salz und Pfeffer würzen und in Olivenöl auf allen Seiten gut anbraten. Knoblauch, Rosmarin und Thymian dazugeben und für circa 20 Minuten im Rohr bei 170 °C rosa garen.

Für die Polenta den Maisgrieß in Butter anrösten und mit Gemüsefond aufgießen. Etwa 20 Minuten zugedeckt bei kleiner Hitze dünsten.

Vor dem Anrichten mit Obers und geriebenem Bergkäse verfeinern.

Das Frühkraut in einzelne Blätter zerteilen, die groben Stiele entfernen, in kochendem Salzwasser einmal aufkochen, herausnehmen und gut abtropfen lassen. Butter schmelzen und braun werden lassen. Anschließend das Kraut darin mit Salz und Kümmel schwenken.

Vor dem Anrichten vom Fleisch noch ein Safterl ziehen. Dazu die Bratrückstände mit Rotwein ablöschen, einkochen lassen und mit dem Fleisch anrichten.

Als Garnitur eignen sich besonders gut kurz gebratene Steinpilze.

KASPRESSKNÖDEL

Franzl's Hütte, Seite 140

ZUTATEN FÜR 4 PERSONEN

250 g Knödelbrot, 250 g Pinzgauer Käse (Bergkäse oder anderer Schnittkäse), 1 Zwiebel, 50 g Butter, ca. 250 ml Milch (Menge je nach Trockenheit des Knödelbrots), 2–3 Eier, 1 EL fein gehackte Petersilie, 5 EL Butterschmalz, 1 TL Kümmel gemahlen, 1 Prise Muskatnuss, Salz, Pfeffer aus der Mühle

SALAT

1 kleiner Salat (saisonal), 4 EL hochwertiger Himbeer-Essig, 10 EL hochwertiges Olivenöl, 1 Prise Salz, 1 TL Zucker oder Honig, bunter Pfeffer, gemahlen, frische Kräuter (z.B. Schnittlauch, Petersilie, Estragon, Kerbel)

ZUBEREITUNG

Knödelbrot mit dem in kleine Würfel geschnittenen oder geriebenen Käse in einer Schüssel durchmischen. Die Zwiebel fein schneiden, in Butter hell anschwitzen, Petersilie, Kümmel, Muskatnuss, Salz und Pfeffer dazugeben und einmal durchschwenken. Die Milch dazugeben und heiß werden lassen. Über das Knödelbrot geben und durchmischen. Die Eier untermischen und zehn Minuten ziehen lassen. Mit leicht angefeuchteten Händen aus der Masse Knödel formen und flach drücken. In einer Pfanne Butterschmalz erhitzen und die Kaspressknödel darin rundum goldgelb backen. Herausheben, mit Küchenrolle abtupfen und auf vorgewärmten Tellern anrichten.

Den Salat putzen, alle anderen Zutaten miteinander vermischen. Den Salat mit der Salatsauce anrichten und mit den Knödeln zusammen servieren.

Tipp: Kaspressknödel können sowohl als Zwischenmahlzeit mit Sauerkraut als auch als deftige Suppeneinlage serviert werden, wofür man sie dann allerdings kleiner formen sollte.

REHRÜCKEN AUF GARTENKRÄUTERRISOTTO UND GEBRATENEN WALDPILZEN

Gasthaus Wirt am Gries, Seite 138

ZUTATEN FÜR 4 PERSONEN

800 g Rehrücken, 4 EL Öl, 1 EL Butter, frischer Thymian, gerebelt, Fleur de sel, Pfeffer gemahlen

SCHWARZBEER-VANILLESAUCE:

1 EL Preiselbeeren, 2 EL Schwarzbeeren, 125 ml Rotwein, 500 ml Wildfond, 1 Vanilleschote

RISOTTO

300 g Risottoreis (Arborio), 1 Zwiebel fein geschnitten, 50 ml Weißwein, 300 ml Gemüsefond, 1 EL Parmesan, 60 ml Obers, 1 Zehe Knoblauch, 1 Handvoll frische Gartenkräuter (Petersilie, Basilikum, Estragon, Oregano, Majoran, Bohnenkraut, Kresse), 1 EL Olivenöl, Salz, Pfeffer

PILZE

180 g Steinpilze und Eierschwammerl, Petersilie, etwas Butter, Salz

ZUBEREITUNG

Den Rehrücken in der Pfanne auf beiden Seiten gut anbraten, Rohr auf 180 °C vorheizen, Rehrücken mit einem Thymianzweig für circa 20 Minuten ins Rohr schieben (bis Kerntemperatur 55 °C beträgt). Alufolie mit Olivenöl beträufeln, die oben genannten Gewürze darauf verteilen, den Rehrücken darin einschlagen. Bei 58 °C weitere zehn Minuten ruhen lassen.

Für die Sauce das Öl aus der Pfanne abgießen, Butter darin schmelzen lassen, Preiselbeeren und Schwarzbeeren kurz anrösten. Mit Rotwein ablöschen und kurz aufkochen lassen, mit Wildfond ablöschen und einreduzieren lassen. Zum Schluss ausgekratzte Vanilleschote dazugeben.

Für das Risotto die fein geschnittene Zwiebel in Olivenöl glasig dünsten, Reis dazugeben und kurz mitrösten. Mit dem Wein ablöschen, kurz einköcheln lassen und unter gelegentlichem Rühren immer wieder etwas heiße Gemüsebrühe angießen. Bei milder Hitze einkochen lassen, bis die Reiskörner nach 15 bis 20 Minuten weich sind, aber noch Biss haben.

Mit Salz, Pfeffer und Knoblauch würzen, dann mit Parmesan, Obers und den Gartenkräutern verfeinern.

Pilze kurz in Butter anrösten salzen und mit gehackter Petersilie bestreuen.

Tipp: Die Pilze nicht waschen, sondern mit einem feinen Pinsel säubern – und die selbst gesuchten sind am Besten.

DER MALER GUSTAV KLIMT UND SEINE BILDER SIND UNTRENNBAR MIT DEM ATTERSEE VERKNÜPFT.

KUNSTZENTRUM

Das Salzkammergut zieht seit Jahrhunderten Kunst- und Kulturschaffende an

Ruhe, Frieden, Harmonie – alles, was ein Künstler braucht, findet er im Salzkammergut, heute wie damals. Während heutzutage Künstlerenklaven selten geworden sind, gab es im 19. und 20 Jahrhundert für Kulturschaffende jede Menge Gründe, sich an den Seen der Region zumindest für kurze Zeit niederzulassen. Das Faszinierende daran ist, dass es sowohl Maler als auch Komponisten und Musiker sowie Literaten ins Salzkammergut gezogen hat – von Zufall kann dabei keine Rede sein.

Rund um Bad Ischl versammelten sich die Musik-Kenner und -Könner. Beispielsweise Anton Bruckner, der seit 1863 immer wieder kam und auch auf der Orgel der Pfarrkirche in die Tasten griff. Das tat er übrigens auch anlässlich der Hochzeitsfeier der Kaisertochter Marie-Valerie mit Erzherzog Franz Salvator am 31. Juli 1890 – und verdiente sich 100 Golddukaten. Johannes Brahms war ebenfalls Stammgast in Bad Ischl und arbeitet hier unter anderem an seinen „Ungarischen Tänzen", dem F-Dur-Quintett und dem „Gesang der Parzen". Sein berühmtes Schlaflied „Guten Abend, gut' Nacht" wurde ebenso vom Flair der Traunstadt inspiriert wie das Lied „Feldeinsamkeit": „Ich ruhe still im hohen grünen Gras, und sende lange meinen Blick nach oben, von Grillen rings umschwirrt ohn' Unterlass, von Himmelsbläue wundersam umwoben." Untrennbar mit Bad Ischl verbunden ist der Name Franz Lehárs, dessen Villa noch heute Operetten-Freunden zur Besichtigung offen steht. Hier lernte er nicht nur seine Frau Sophie kennen; in Bad Ischl schuf er auch viele Werke, die später um den Operetten-Globus gingen: „Die lustige Witwe", „Der Graf von Luxemburg", „Das Land des Lächelns" und „Giuditta".

An den Ufern des Altausseer Sees trafen sich die Literaten; ein Spazier- und Wanderweg erinnert mit Markierungen noch heute an die vielen Buchstabenkünstler vergangener Zeiten. So führt die „Via Artis" rund um den Altausseer Ortsteil Fischerndorf, vorbei an den Sommerresidenzen von Friedrich Torberg und Jakob Wassermann. Arthur Schnitzler, Nikolaus Lenau,

Hugo von Hofmannsthal verbrachten hier ihre Auszeiten ebenso hier wie Hermann Broch und Adalbert Stifter. Und noch heute wohnt eine der bedeutendsten, zeitgenössischen Autorinnen in Altaussee: Barbara Frischmuth. Sie ist nicht nur für ihre Romane und Erzählungen, Theaterstücke und Kinderbücher bekannt, sondern auch für ihren Garten, den sie in „Fingerkraut und Feenhandschuh" beschreibt: „Für mich darf ein Garten mehr als bloß dürfen, denn ich erwarte mir von ihm, dass er mich überwältigt. Überwältigt mit der Vielfalt seiner Formen, seiner Farben, seiner Düfte und mit all den Veränderungen, die in seiner Natur liegen. Nur dann bleibt mein Interesse an ihm so wach, dass ich alles für ihn tue, was er mir abverlangt."* Darüber hinaus kann ein glücklicher Tag auch die Begegnung mit einem echten Golden Globe-Preisträger bringen; denn der Schauspieler Klaus-Maria Brandauer ist ein gebürtiger und immer noch begeisterter Ausseer.

Malende Künstler hat es an den Attersee, aber auch an den Wolfgangsee und nach Hallstatt gezogen. Gustav Klimt zum Beispiel, der 16 Sommer am Attersee verbracht. Der größte Teil seiner Landschaftsbilder wie „Allee vor Schloss Kammer", „Schloss Unterach am Attersee" oder „Litzlberger Keller" entstanden in dieser Zeit. 2012 wurde in Kammer am Attersee das Gustav Klimt-Zentrum eröffnet, das mit dem Wiener Leopold Museum zusammenarbeitet. Eine Reihe von Künstlern wählte zwischen 1927 bis 1938 Zinkenbach am Wolfgangsee als Sommerresidenz. Bis zu 27 Teilnehmer hatte die Künstlerkolonie, deren zentrale Figur Ferdinand Kitt war. Hier fanden die Maler jene Naturkulisse, die schon Generationen von Künstlern vorher angeregt hatte und die nichts an ihrer Attraktivität eingebüßt hatte. Aber auch das wesentliche einfachere und kostengünstige Landleben trug dazu bei, dass es die Künstler ins Salzkammergut zog. Heute erinnert ein kleines Museum in der ehemaligen k.u.k. Volksschule von Sankt Gilgen an diese Sommerfrischler, der Museumsverein erinnert jedes Jahr in Ausstellungen an die „Kolonialisten".

Auch an die Ufer des Hallstätter Sees zog es Maler in großer Zahl. Einer von ihnen war Ferdinand Georg Waldmüller, der sich allein für 15 Bilder von Hallstatt und seiner Umgebung inspirieren ließ. Am Wiener Kaiserhof verkaufte er diese Bilder und machte so die landschaftliche Schönheit der Region bekannt. Aber auch Rudolf Ritter von Alt, einer der populärsten Maler des 19. Jahrhunderts, malte unvergleichliche Aquarelle der Gegend.

* Barbara Frischmuth: „Fingerkraut und Feenhandschuh", Aufbau Verlag 1999

SALZKAMMERGUT-IDYLLEN WIE DIESE HABEN KÜNSTLER ÜBER JAHRHUNDERTE INSPIRIERT.

KAFFEE & WERKSTATT

Das etwas andere Kaffeehaus in St. Wolfgang

Kaffeehaus? Geschäft? Nein – beides! Die Kaffeewerkstatt in Sankt Wolfgang interpretiert das „Konzept Kaffeehaus" völlig neu und verpasst ihm ein frisches Gesicht. Man sitzt an alten Hobelbänken, die mit Glasplatten und Kaffeebohnen-Rinnen veredelt wurden. Über den Köpfen schweben Lampenschirme, die in ihrem früheren Leben Helme oder Hüte waren – und zu kaufen sind. An der Garderobe hängen, als seien sie vergessen worden, ein Lodenjanker und ein Paar Strümpfe und warten darauf, als Erinnerungsstück oder Souvenir erstanden zu werden. Hat man Lust zu stricken, schnappt man sich Recyclingwolle und Nadel, setzt sich ins „etwas andere Kaffeezimmer" in Karmesinrot und handarbeitet so lange wie man will. Wird die Zeit knapp, kann man das angefangene Werkstück in einem beschrifteten „Handwerkskasterl" deponieren und beim nächsten Mal weiterstricken.

Für den Erinnerungsduft zu Hause liegen Lavendel-, Pfefferminz- und Kirschkernkissen in selbst bedruckten Stoffsäckchen bereit, und die Trachtentaschen, die so exklusiv sind, dass es jede von ihnen nur einmal gibt, peppen jedes Outfit auf.

Überlieferung statt neuhippem Schick, kreative Feinschmeckervielfalt statt 08/15-Karte – das schwebte dem Junggastronomen-Duo Cornelia und Fritz Wipplinger vor, als im Oktober 2010 das ehemalige Postgebäude in Sankt Wolfgang frei wurde. Sie wollten ein Kaffeeparadies abseits von Touristenkitsch und Rösslblues schaffen, was ihnen im Mai 2011 auch gelang. Seitdem kann sich kaum jemand dem Charme der Kaffeewerkstatt entziehen. Denn hier treffen Einheimische auf Gäste, Jung & Chic auf Erfahren & Traditionell.

Selbst Morgenmuffel müssen sich der traditionell-geschmeidigen Wohlfühlatmosphäre kampflos ergeben. Eine Zeitung und ein Kopfwehpulver zum „Katerfrühstück" oder wahlweise ein Bergfrühstück mit Holzofentoast samt Walnüssen und Honig – besser kann ein Tag nicht anfangen. Gerne kann es auch ein Glas eisgekühlter Crémant Rosé zum Yukon-Wildlachs oder ein Hausmeisterfrühstück für „echte Männer" sein – samt „Oartriger" (Käsekrainer) und Feuerwehrkaffee (Bier). Alternativ dazu kann man aber auch mit einem gesunden Joghurt und

frischen Früchten in den Tag starten oder ganz einfach sein Weckerl, seinen Kaffee und sein Bio-Ei bestellen. 15 verschiedene Varianten für den Tagesbeginn gibt es in der Kaffeewerkstatt und das täglich bis 14 Uhr. „Wir sind dann glücklich, wenn es unsere Gäste auch sind, und dafür lassen wir uns immer wieder etwas Besonderes einfallen", sagen Cornelia und Fritz Wipplinger.

Betritt man das Lokal unter dem Himmel voller Kaffeemühlen, von denen keine einzige zum Verkauf steht, empfängt einen gleich das Kuchenbuffet. Selbst Menschen, denen Zucker-Attacken fremd sind, läuft bei hausgemachten Strudeln und Kuchen das Wasser im Mund zusammen. Dazu passt natürlich eine der 15 Kaffeespezialitäten, deren Grundstoff erlesene Bohnen aus kontrollierter Herkunft und hauseigener Röstung sind. Auf der Suche nach der besten Bohne begab sich das Unternehmerpaar auf weite Reisen. „Lieblich und unbeugsam, sanft und temperamentvoll zugleich sollte sie sein und so authentisch wie unsere wundervolle Region, unser Salzkammergut selbst", hatten sich die beiden das Ziel hoch gesteckt und sich mit weniger nicht zufrieden gegeben.

Fündig wurden sie bei der indisch-kräftigen Robusta-Bohne und der brasilianisch-milden Arabica-Bohne. Abhängig vom eigenen Kaffeegeschmack kann man sich eine ganz persönliche Mischung mit nach Hause nehmen. Trinkt man gerne Café Crème, einen Verlängerten oder Häferlkaffee, ist man bei der 100-Prozent-Variante gut aufgehoben. Sie besteht ausschließlich aus Hochland-Arabica-Bohnen mit ihrem feinen, harmonischen Aroma. Beginnt man den Tag lieber mit einem Cappuccino oder Milchkaffee, ist man bei der 90/10-Spielart am besten beraten. Sie enthält mehrheitlich Arabica-Bohnen; der nussige Duft stammt von den zehn Robusta-Prozent. Dreht man das Verhältnis um, erhält man die perfekte Mischung für Espresso, kleinen und großen Braunen.

KAFFEEWERKSTATT
WIPPLINGER KG
Markt 140, A-5360 St. Wolfgang
Tel. 00 43 (0) 61 38 / 93 01 930
www.kaffeewerkstatt.eu

DAS COCKTAIL-GEHEIMNIS

Hier werden der Drink zum Cocktail und der Ausschank zum Auftritt

ERDBEER-CAIPIRINHA

Dieses Rezept und ein weiteres finden Sie auf der Seite 180

Ein Cocktail ist mehr als eine Mischung aus verschiedenen Flüssigkeiten – er hat Charakter. Und wenn ein Gast durch die Tür des Kap Horn tritt, können Barkeeper Christoph und Elisabeth ziemlich genau abschätzen, welchen Drink sie bald mixen, verzieren und servieren werden.

Egal ob Caipirinha, Piña Colada oder Daiquiri – verwendet werden nur jene Zutaten, die sich ideal ergänzen. Wenn auch viele Barbesucher Rum-Cola und Cuba Libre für ein und dasselbe halten – es gibt einen Unterschied. Diesen und noch viel mehr erklärt der passionierte Barmann gerne. Und dann greift er zum Shaker, lässt den Gast beim Mischen der Zutaten zuschauen und setzt das Ergebnis gekonnt in Szene.

Genießen kann man die große Auswahl an alkoholischen und nichtalkoholischen Getränke in einer Umgebung aus beruhigend-warmem Holz und entspannter Musik in gesprächsfreundlicher Lautstärke. Après-Ski finde woanders statt, sagt Christoph, im Kap Horn treffe man sich zum gemütlich-geschmackvollen Beisammensein. Im Sommer zieht der Gastgarten mit südländischem Flair unter ein bunt erleuchtetes Sonnensegel, während schmeichelnde Salsa-Klänge den Genuss eines Coconut Kiss unterstreichen. Sieben Tage in der Woche hat das Lokal in den warmen Monaten geöffnet.

Sehr populär bei Einheimischen wie Urlaubsgästen sind die Themenabende. Für Cocktail-Liebhaber gibt es unter der Woche eine Cocktailnacht mit verschiedenen Aktionen, für Hungrige im Sommer „Chill & Grill". Jeden Freitag abend wird bei schönem Wetter, coolen Drinks und groovigen Sounds gegrillt.

KAP HORN – DIE BAR
Lösch & Roither OG
Markt 13, A-5360 St. Wolfgang
Tel. 00 43 (0) 6 76 / 4 55 41 83
www.kap-horn.at

EIN TRAUM VON JAUSENSTATION

Seeblick, Wollschweinspeck und göttliche Idylle

SACHERSCHNITTE
Dieses Rezept finden Sie auf der Seite 180

„Bei uns kann jeder so sein, wie er sich fühlt", sagt Frieda Leitner, Wirtin der Jausenstation Dornerhof hoch über dem Wolfgangsee. Der Hof ist seit dem 14. Jahrhundert in Familienbesitz, war lange Zeit ausschließlich landwirtschaftlicher Betrieb – bis Frieda Leitner ihren Traum von der eigenen Jausenstation am Fuße des Schafbergs umsetzte. Damit die Gäste von einer großen Terrasse aus auf den See schauen können, schafften es die Leitners sogar, dass die schmale Straße um einige Meter verlegt wurde.

Seit 2009 besuchen Wanderer, Radfahrer, Ausflügler, Pensionisten, Familien und vor allem Genießer die Jausenstation, die sich durch familiäre Freundlichkeit, Ruhe und gutes Essen zu einem nicht mehr so unbekannten Geheimtipp entwickelt hat. Vor allem der Speck vom Mangalica- oder Wollschwein ist eine Gaumenfreude. Er ist cholesterinarm und zergeht auf der Zunge. Weitere Schmankerln aus dem Innviertel und dem Salzkammergut wie Speck, Surbratl, Gselchtes oder Hirschwurst treffen sich auf den Jausenbretterln. Eine Spezialität ist auch das Gselchte vom Angusrind; rund 20 Tiere dieser Rasse stehen im Stall von Familie Leitner. Im Sommer kommen sie auf die Schafbergalm, denn dann ist Hochsaison in der Jausenstation und das Wohl der Gäste geht vor. Für die, die zu Hause jausen möchten, bereitet Familie Leitner auch Spezialitätenplatten vor, die man auf Vorbestellung dann einfach abholen kann.

Neben den Fleischspezialitäten sind auch Erdäpfelkas, Verhackertes und Liptauer sowie der Almkäse und der Schafkäse aus der Region empfehlenswert. Und natürlich die Kuchen und Torten für den Nachmittagsgusto. Zwei verschiedene Sorten backen die Damen jeden Tag zwischen Mai und Oktober, der Familienfavorit ist die Sacherschnitte (siehe Rezept). Wer Glück hat, kann im Herbst die Bauernschnitten kosten.

JAUSENSTATION DORNERHOF
Familie Leitner
Ried 11, A-5360 St. Wolfgang
Tel. 00 43 (0) 61 38 / 28 14
www.jausenstation-dornerhof.at

IDYLLISCHE LÄNDLICHKEIT

Ruhe finden und ausgezeichnet essen im Leopoldhof und der Dorfalm

Im Jahr 1704 wurde das Gut Leopoldhof erstmals urkundlich erwähnt, in den 1950er-Jahren kamen die ersten Sommerfrischler. Seitdem ziehen bäuerliche Gemütlichkeit und idyllische Ländlichkeit Ruhesuchende an diesen Ort. Doppelzimmer und Ferienwohnungen, gerne auch mit Frühstück oder Halbpension, liegen in einer Sackgasse und verfügen trotzdem über eine hervorragende touristische Infrastruktur: 2000 Quadratmeter Liegewiese am Wasser, Schiffsanlegestelle vor der Haustüre, die Schafbergbahn sowie die Ausflugsziele Postalm und Zwölferhorn in Reichweite.

2004 hat die Familie Falkensteiner ihr Restaurant eröffnet. Die Fische kommen aus dem See, der Schafskäse und das Fleisch aus der Region. Im Frühling schwärmt man zur Bärlauchsuche aus, im Sommer steht die Reinanke auf der Karte, und der Herbst gehört dem Gansl. Und wer für eine große Gruppe Verköstigung sucht, ist im Eventstadel mit seinen 150 Plätzen genau richtig.

FERIENPARADIES LEOPOLDHOF
AM WOLFGANGSEE
Familie Falkensteiner
Ried 8, A-5360 St. Wolfgang
Tel. 00 43 (0) 61 38 / 24 38
www.leopoldhof.at

FISCHSUPPE
Dieses Rezept finden Sie auf der Seite 181

Gepflegte Gastlichkeit in urgemütlicher Umgebung findet man seit 2010 in der Dorfalm im Herzen von Sankt Wolfgang. Die drei ineinander gebauten Hütten im Ortswesten ergeben eine Riesengaststube, an deren Außenfassade sich eine weitläufige Terrasse entlangzieht. Hier kann man länger als irgendwo sonst im Dorf die Sonnenstrahlen genießen – bei Kasspatzen, Almgrillteller oder Bauernbratl, das gegen Vorbestellung auf einem Sauerkrautberg mit Bratkartoffeln, Semmelknödeln und Knoblauchgemüse urig im Reindl serviert wird. Einmal wöchentlich gibt es echte Volksmusik. Ein Extra-Stüberl steht für Familienfeiern mit bis zu 40 Personen bereit. Sehenswert: das angrenzende Museum mit rund 1000 prächtigen Barbies und Puppen.

DORFALM ZU ST. WOLFGANG
Familie Falkensteiner
Markt 123, A-5360 St. Wolfgang
Tel. 00 43 (0) 61 38 / 2 01 45
www.dorf-alm.at

GLÜCKSPLATZ AM ATTERSEE

Ursprünglich und friedlich – der Grablerhof in Steinbach

DREIERLEI SAURES MIT FLADENBROT
Dieses Rezept finden Sie auf der Seite 182

Bis ins 16. Jahrhundert reichen die Aufzeichnungen über den Grablerhof der Familie Holzinger zurück, und schon immer haben sich seine Bewohner selbst versorgt. Es gab Most und Schnaps, Brot und Milch sowie Fleisch und alles, was man daraus machen kann. Daran hat sich bis heute nichts geändert – außer, dass Zimmer und Apartments vermietet werden und man sich in der Mostschenke wunderbar bewirten lassen kann.

Mit Blick auf Höllengebirge, Schafberg und Attersee finden gestresste Städter und andere Erholungssuchende am Grablerhof die perfekte Umgebung zum „Runterkommen". Untertags schwimmt man im See und lässt sich am eigenen Badeplatz nieder oder man wandert direkt vom Hof aus, etwa auf den Hochletten oder die Bramosen. Abends sitzt man am Lagerfeuer auf der Alm oder auf der Hof-Terrasse an urigen Holztischen und genießt die Köstlichkeiten der Küche. „Überdrüber ist überall", sagen die Holzingers und konzentrieren sich auf das Wesentliche. Zum Beispiel auf den familiären Kontakt zu ihren Gästen, die auch in der Landwirtschaft mitarbeiten und damit aus ihrem Alltagsrad rascher herausspringen können. Das schätzte bereits der Komponist Gustav Mahler, der in Steinbach in einem Sommerhäuschen arbeitete. Wurde ihm der Rummel um seine Person zu viel, wanderte er zum Grablerhof und genoss die Ruhe unter der alten Linde, wo sich auch heute noch Erholungssuchende niederlassen. Kein Wunder, denn jedes Familienmitglied ist im Wohlfühleinsatz für den Besucher, der im Sommer immer wieder in den Genuss der vielfältigen musikalischen Begabungen der Gastgeber kommt.

Christian und Martina Holzinger betreiben eine intakte Landwirtschaft und leben damit am Puls der Natur. Fast alles, was in der Mostschenke aufgetischt wird, stammt aus der eigenen Produktion. Die Früchte für Most und Säfte, Schnäpse und Liköre wachsen auf dem Hofgelände, Gerichte wie das marinierte Rindfleisch, die Räucherplatte oder die Sulz von der Schweinshaxe stammen von glücklichen Tieren. Und im Juli und August gibt es täglich ein besonderes Gericht, etwa Schafkäse mit eingelegtem Gemüse oder eine Forelle.

MOSTSCHENKE GRABLERHOF
Familie Christian Holzinger
Unterroith 2, A-4853 Steinbach am Attersee
Tel. 00 43 (0) 76 63 / 6 23
www.grablerhof.at

GASTHOF Kirchenwirt PENSIO
C.A.F.E.

GEMÜTLICHKEIT MIT AUSSICHT

Einheimische wie Sommerfrischler treffen sich im gastfreundlichen Kirchenwirt

REHSCHNITZERL IN WACHOLDERSAFTL MIT BUTTERSPÄTZLE UND EINGELEGTEN EIERSCHWAMMERLN

Dieses Rezept finden Sie auf der Seite 183

Maria Schmeisser ist das Herz des Kirchenwirts, auch wenn sie das vehement bestreiten würde. Schließlich treten die Kinder Josef und Viktoria langsam in ihre Fußstapfen, versprühen jugendlichen Charme und wachsen als vierte Generation in die Abläufe des gemütlichen Wirtshauses am Ufer des Wolfgangsees hinein. Auch Küchenchef Alexander Knerzel steht ihr seit über 20 Jahren zur Seite und serviert mit seiner bodenständigen Hausmannskost gleichbleibende Qualität. Etwa das gebackene Lammschnitzerl in Kürbiskern-Panier oder die Leber-Variationen, die es auf ungarische und Tiroler Art, aber auch paniert gibt. Gerade bei den immer beliebter werdenden Innereien ist die Kirchenwirt-Küche ganz groß, gibt es doch einen Metzger in der Familie, der stets frisch liefert.

Seit 110 Jahren gibt es den Kirchenwirt bereits, und er hat trotz stetiger Modernisierung nichts von seinem Flair als gemütliches Wirtshaus verloren. Gerade deshalb kommen Einheimische wie Sommerfrischler gerne hierher, finden Stüberln für Raucher und Nichtraucher, die einen schönen Rahmen für Familienfeiern bilden. Und in der Bar trifft sich gerne die Jugend.

Vom Kirchenwirt sieht man bis nach Sankt Wolfgang und an schönen, klaren Tagen sogar bis nach Sankt Gilgen. Kein Wunder, dass es als eines der ältesten Wirtshäuser der Gegend auch gerne Urlaubsgäste beherbergt. In den vier Häusern gibt es 100 Betten in Einzel-, Doppel- und Familienzimmern. Manche Gäste bleiben einige Tage, manche über Wochen. Sie genießen die freie Zeit am Wasser, auf dem großen Badesteg mit Liegen, Schirmen und Elektroboot. Gästen, die mit dem Auto anreisen, steht ein großer Parkplatz zur Verfügung.

GASTHOF HOTEL KIRCHENWIRT
Besitzerin Maria Schmeisser
Bürglstraße 18, A-5350 Strobl
Tel. 00 43 (0) 61 37 / 72 07
www.kirchenwirt.eu

EINTRETEN UND EINZIEHEN

Der Qstall in Thalgau vereint gekonnt Tradition und Design

So historisch das ehemalige Bauernhaus an der Salzburger Straße in Thalgau mit seinem Alter von 400 Jahren, den rot-gelben Fensterfriesen und der markanten Schlackenfassade auch sein mag – sein Inneres überrascht durch eine gelungene Kombination aus Tradition und Design. Der Qstall ist ein Geheimtipp für alle, die sich an Möbelsupermärkten und Dekoläden sattgesehen haben und das Ursprüngliche, Heimische und Gemütliche lieben.

Kurt Meindl hat den ehemaligen Kuhstall zu einem Raum gemacht, in den seine Besucher sofort einziehen möchten. Die selbst entworfenen Möbel aus Bahnschwellen und Volleisen, verbunden durch alte Hufnägel, laden zum Gedankenaustausch ein, auf den Sofas will man versinken und nie wieder aufstehen. Und die Dekorationen, die gänzlich ohne Plastik auskommen, entstammen internationalen Designwerkstätten, die Meindl auf den verschiedensten Messen mit akribischer Zielstrebigkeit sucht. Schwemmholz-Installationen kommen aus Tschechien, Geschirr aus Belgien, Kerzengefäße aus Dänemark.

Nichtsdestotrotz ist die Geschichte omnipräsent und vermittelt ein bodenständiges Wohnambiente. Geschenkartikel werden in der ehemaligen Kuhtränke, „Boam" genannt, präsentiert. Die alte, ursprüngliche Türe lehnt lässig an der Wand und der Pflug scheint nur auf seinen nächsten Einsatz zu warten. Und an den Toilettentüren hängen Dirndlkleid und Lederhose, Referenzen an den kleinen, aber feinen „Shop-im-Shop" mit Trachten- und Landhausmode. Hier finden Traditionsbewusste Janker und Pfoaten (Hemden), Kleider und Taschen, Lederhosen und stimmige Accessoires.

QSTALL
Ing. Kurt Meindl GmbH
Salzburger Str. 75, A-5303 Thalgau
Tel. 00 43 (0) 6 64 / 2 52 86 79
www.qstall.net

MITTAGSMENÜ HOCH FÜNF

Genuss-Alltag im Café-Restaurant Wintergarten in Thalgau

Seit über 500 Jahren schützt die Kaiserjubiläumslinde in der Flachgauer Gemeinde Thalgau vor der sommerlichen Hitze, seit 2010 spendet sie ihren Schatten auch den Gästen des Café-Restaurants Wintergarten. Hier trifft man sich, wenn tagsüber der Kaffeegusto groß ist oder wenn der Feierabend mit einem guten Essen gekrönt werden will. Immer wieder ändert Sarah Ausweger die Karte, setzt mit „Wilden Zeiten", „Besinnlichen Spezialitäten" und „Mexikanischen Wochen" das ganze Jahr über kulinarisch-kreative Akzente. Im Sommer wird der Gartengrill angeworfen. Das Wintergarten-Team brät ganze Forellen, brutzelt Ripperl und mischt Salate für das reichhaltige Buffet – jeden zweiten Freitag, wenn das Wetter hält.

Alle Gerichte, ob Grillköstlichkeiten, Pizze oder klassische österreichische Gerichte gibt es auch zum Mitnehmen. Wer rasch seinen Mittagshunger stillen will, hat die Qual der Wahl. Denn Sarah Ausweger lässt unter fünf verschiedenen Mittagsmenüs wählen, zwischen vegetarischem Gericht, Salat, Nudelgericht, Fleisch oder Fisch. Kombinieren kann man die Schmankerln mit österreichischen Weinen, bekannten wie neu entdeckten. Auch heimische Biere aus Oberösterreich, der Steiermark und Bayern löschen hier den Durst.

Für Feiern ist das gemütliche Café-Restaurant mit seinem geschmackvollen Ambiente ein heißer Tipp. Es bietet für insgesamt 50 Personen Platz, 30 davon im Wintergarten mit Blick auf die Sankt Martins-Kirche und die Jubiläumslinde. Hat man eine Gruppe von 25 oder mehr Teilnehmern, sperrt Wirtin Ausweger auch am Samstag auf und richtet ein exklusives Feierbuffet aus.

PIZZA
Dieses Rezept finden Sie auf der Seite 181

CAFÉ-RESTAURANT WINTERGARTEN
Pächterin Sarah Ausweger
Marktplatz 4, A-5303 Thalgau
Tel. 00 43 (0) 62 35 / 2 01 60
www.wiga.tv

HEIMISCHE KÜCHE IST PROGRAMM

Im Druckerhof beeindruckt die Aussicht und das kulinarische Angebot

HIRSCHFILET MIT APFELBLAUKRAUT

Dieses Rezept finden Sie auf der Seite 184

In sieben Kehren windet sich der Druckerweg von den Ufern des Attersees in die Höhe. 200 Meter über der glitzernden Fläche des größten Sees Österreichs thront der Druckerhof, mit majestätischem Ausblick und bodenständigem Ambiente. 1963 begann die Familie Windhager mit der Zimmervermietung, errichtete einige Jahre später eine Jausenstation und eröffnete drei Jahrzehnte nach dem ersten Übernachtungsgast das Hotel. Mittlerweile steht mit Erich Windhager die 14.(!) Generation im Dienste der Gastfreundschaft, denn der ehemalige Bauernhof ist seit dem 16. Jahrhundert in Familienbesitz.

Der „Hochsitz" macht die Seele frei für die wirklich wichtigen Dinge im Leben: gutes Essen, Natur und Ruhe. Nur sechs Einzel-, Doppel- und Familienzimmer, vier Apartments und ein uriges Ferienhaus können bewohnt werden, und doch ist dieser überschaubare Platz ein Paradies – vor allem für Familien. Denn die Kinder können über die Wiesen tollen, Hirsche, Esel, Schafe, Ziegen sowie ein Pony streicheln und sind dabei völlig ungestört vom Verkehr. Das Naturschutzgebiet Egelsee mit seinen zwölf verschiedenen Orchideensorten liegt nur 20 Fußminuten vom Druckerhof entfernt. Auch der Kindermärchenwanderweg mit Märchenfiguren, Spielplatz und Aussichtspunkten auf den Attersee führt unweit des Hauses durch eine abwechslungsreiche Waldlandschaft.

Vielfältig und hochwertig ist auch die Kost, die als „kulinarisches Erbe" aufgetischt wird. Das Gütesiegel stellt sicher, dass die verarbeiteten Produkte weitgehend aus Österreich stammen und typische Gerichte auf die Speisekarte kommen. Tafelspitz und Wiener Schnitzel sind hier also Programm, saisonale Spezialitäten wie Wildgerichte, Kürbisspezialitäten oder Forellen aus dem Attersee runden das Angebot ab. Und so wundert es nicht, dass viele Festspielgäste zu den Besuchern des Druckerhofes zählen und von hier aus zu Ausflügen in die Umgebung aufbrechen. Kultur in der Stadt, Ruhe am Land – so schön kann Urlaub sein.

GASTHOF-PENSION DRUCKERHOF
Familie Windhager
Druckerstraße 15, A-4866 Unterach am Attersee
Tel. 00 43 (0) 76 65 / 82 95
www.druckerhof.com

SEEGASTHOF
STADLER

SCHWIMMEN VOR DEM FRÜHSTÜCK

Das Hotel Seegasthof Stadler bietet Erholung direkt am Atterseeufer

ATTERSEE-HECHT
Dieses Rezept und ein weiteres finden Sie auf der Seite 185

Aufstehen, im Attersee schwimmen, auf der Terrasse mit Blick auf das Höllengebirge in der Morgensonne frühstücken, dann eine Runde wandern, radeln oder segeln – kann Urlaub entschleunigter sein? Das Hotel Seegasthof Stadler in Unterach bietet Erholung pur. Während im Frühling und Herbst die beschauliche Ruhe Hauptprogrammpunkt eines Urlaubs ist, finden während der Schulferien vor allem Familien entlang des 100 Meter langen Seeufers genau das, was Eltern und Kinder gleichermaßen genießen.

Als der Großvater von Johann Stadler 1925 das Haus kaufte, verfügte es über ein einziges Gästezimmer. Heute stehen 45 Zimmer zur Verfügung (aufgeteilt in Einzel-, Doppel- und Familienzimmer sowie Studios), fast alle mit Seeblick. Eltern wie Kinder bewegen sich jenseits des Durchgangsverkehrs, können sich Boote und Boards ausleihen sowie das Tauchrevier ergründen. Im Juli und August kümmern sich fachkundige Betreuer um die Kids, während die Erwachsenen auf der Liegewiese ausruhen können. Wer Auslauf braucht, begibt sich auf den Attersee-Westwanderweg, der am Haus vorbeiführt.

Nicht nur die Hausgäste kommen in den Genuss der klassisch-österreichischen Gerichte, sondern auch die Besucher des À-la-Carte-Restaurants. Sie kommen mit dem Auto, dem eigenen Boot oder mit dem Ausflugsschiff, das direkt vor dem Haus hält. Auf sie alle warten nachmittags hausgemachte Kuchen und Torten und eine Nachmittagskarte mit drei Fischgerichten für den Hunger zwischendurch. Hecht und Reinanke kommen aus dem Attersee, das Hirschfleisch entstammt dem eigenen Gehege. Insgesamt verfügt der Seegasthof auf der Terrasse und im Restaurant über 200 Sitzplätze.

HOTEL SEEGASTHOF STADLER
Inhaber Johann Stadler
Stockwinkel 1/3, A-4866 Unterach am Attersee
Tel. 00 43 (0) 76 65 / 83 46
www.seegasthof-stadler.at

GAUMENFREUDEN AM SEE

Die Kulinarium-Wirte rund um den Attersee laden ein

DIE RÖHRE
Inhaber Margit und Christian Denz
Eichenweg 1, A-4866 Unterach am Attersee
Tel. 00 43 (0) 6 64 / 13 39 864
www.dieroehre.com

Die Röhre ist eine einzigartige Kombination aus origineller Architektur und innovativer Gastronomie. Hier trifft Austria Risotto auf Asia Starter, Backhendl-Salat auf Pasta Busara – alles absolut frisch zubereitet. Wahre Genießer tauchen am Wochenende oder an Feiertagen ab 9:00 Uhr in eine Frühstückskarte ein, deren Variationen Namen wie „Charlie Sheen“, „Kaiser Franz Joseph“ oder „Paris Hilton“ tragen. Das Beste daran: Frühstück gibt's den ganzen Tag!

GASTHAUS WACHTBERG
Familie Gebetsroither
Wachtbergstraße 79, A-4852 Weyregg am Attersee
Tel. 00 43 (0) 76 64 / 26 33
www.wachtberg.at

750 Meter hoch über den Attersee befindet sich der als Familienbetrieb geführte Gasthof Wachtberg. Weit ab von der Alltagshektik kann man bei hausgemachten Spezialitäten der österreichischen Küche von der Sonnenterrasse aus die Schönheit des Attersee genießen. Kulinarische Besonderheiten wie den „grillierten Schafskäse“ oder die „Cardinalschnitte“ bei Sonnenuntergang zu verspeisen, ist ein Erlebnis für sich, das viele Genießer aus Nah und Fern anzieht.

HOTEL AICHINGER
Familie Aichinger
Am Anger 1, A-4865 Nußdorf am Attersee
Tel. 00 43 (0) 76 66 / 80 07
www.hotel-aichinger.at

Das Viersternehotel Aichinger im Zentrum von Nußdorf am Attersee ist seit Jahren für seine ausgezeichnete Haubenküche bekannt. Wer als Hotelgast eines der 23 individuell gestalteten Doppelzimmer bezieht, kommt zudem in den ausgesprochenen Genuss der geschmackvoll angelegten Gärten. Das Highlight: der Poolgarten. Auch der 1500 Quadratmeter große Badestrand ist eine Ruheoase. Bei Regenwetter lockt das Wellness-Center mit Aroma- und Grottendampfbad, finnischer Sauna, Duft- und Nebeldusche und Massagen.

HOTEL / RESTAURANT
LITZLBERGER KELLER
Moos 8, A-4863 Seewalchen am Attersee
Tel. 00 43 (0) 76 62 / 23 12
www.litzlbergerkeller.at

Der Litzlberger Keller ist ein Haus mit künstlerischer Vergangenheit und gelebter Gastlichkeit. Familie Schmiedleitner führt das stilvolle Restaurant mit 70 Sitzplätzen, zwölf Zimmern und Suiten sowie eigenem Badehaus mit Seezugang ganzjährig. Erleben Sie das unverfälschte Ambiente der holzvertäfelten Stube, den herrlichen See- und Gebirgsblick von Terrasse und Zimmer und die ausgezeichnete Küche. Kurt Schmiedleitner kocht täglich außer Mittwoch abends sowie sonn- und feiertags beziehungsweise im Sommer zusätzlich mittags.

Gemeinsam treffen können Sie die Kulinarium-Wirte beim Summer-Opening oder beim Christkindlmarkt!

REZEPTE

ERDBEER-CAIPIRINHA

Kap Horn – Die Bar, Seite 160

ZUTATEN FÜR 1 GLAS

3 reife Erdbeeren, 20 ml frisches Erdbeermark, 6 Scheiben Limetten, 20 ml Lime Juice, 1 EL Rohrzucker, 50 ml Bacardi superior, Crushed Ice

ZUBEREITUNG

Erdbeeren in kleine Stücke schneiden und mit Erdbeermark im Libbey-Glas leicht stampfen. Limetten, Zucker und Lime Juice dazu geben und stampfen. Das Glas mit Crushed Ice auffüllen und Bacardi dazugeben. Mit einem Barlöffel gut durchrühren und mit Crushed Ice auffüllen. Mit einer Erdbeere oder Limettenscheibe garnieren.

SOLERO

Kap Horn – Die Bar, Seite 160

ZUTATEN FÜR 1 GLAS

20 ml Cocos-Sirup, 30 ml Maracujasirup, 30 ml flüssige Sahne, 200 ml Mangosaft, Fruchtspieß, Cocktailkirsche

ZUBEREITUNG

Eis in den Shaker füllen, Cocos- und Maracujasirup sowie Sahne dazu geben und mit dem Mangosaft auffüllen. Kräftig shaken und in ein Fancy-Glas mit dem Eis umfüllen. Mit Fruchtspieß und Cocktailkirsche garnieren.

SACHERSCHNITTE

Jausenstation Dornerhof, Seite 162

ZUTATEN FÜR 1 BLECH (20 STÜCK)

8 Eier, getrennt, 200 g Staubzucker, 1 Pkg. Vanillezucker, 150 g Kochschokolade, 125 ml geschmacksneutrales Speiseöl, 125 ml Wasser, 250 g Mehl, 50 g Stärkemehl, 1 Pkg. Backpulver, 1 Prise Salz, wahlweise 2–3 Tropfen Zitronensaft, 1 1/2 Becher Schokoladenglasur (beispielsweise Manner Schokoglasur für Sachertorte)

ZUBEREITUNG

Dotter mit 100 Gramm Staubzucker und Vanillezucker schaumig rühren, Kochschokolade in einen Topf geben und ins Wasserbad stellen. Die geschmolzene Schokolade mit dem Speiseöl verrühren und das Wasser dazu geben. Umrühren. Aus dem Eiklar, dem Salz oder Zitronensaft und der anderen Hälfte des Staubzuckers einen festen Eischnee schlagen. Mehl mit der Stärke und dem Backpulver vermischen und abwechselnd mit dem Schnee in die Schokoladenmasse unterheben. Den Teig gleichmäßig auf einem Backblech verteilen und bei 160 °C (Umluft) circa eine halbe Stunde backen.

Nach dem Backen den Kuchen etwas auskühlen lassen. Dann mit Ribiselmarmelade bestreichen und mit Schokoladenglasur übergießen.

FISCHSUPPE

Ferienparadies Leopoldhof am Wolfgangsee, Seite 164

ZUTATEN FÜR 4 PERSONEN

1 Reinanke, 1 Forelle, 1 Prise Salz, 1 Schuss Essig, 2 Karotten, 1 Gelbe Rübe, 1 Zwiebel, 3 Knoblauchzehen, ein Schuss Olivenöl, 2 EL Tomatenmark, 3 Lorbeerblätter, 60 ml Weißwein, 2 frische Chilischoten, 1 Zweig frisches Estragonkraut, 5 Kirschtomaten, 1 Brokkoliröschen, frische Kräuter aus dem Garten, Brunnenkresse-Blüten

ZUBEREITUNG

Reinanke und Forelle filetieren. Fischköpfe samt Rückgrat in 1,5 Liter gesalzenen Essigwasser circa 20 Minuten köcheln lassen.

Karotten, Gelbe Rübe, Zwiebel und Knoblauch in Scheiben schneiden. In Olivenöl anschwitzen, Tomatenmark dazurühren. Mit dem abgeseihten Fischfond aufgießen.

Lorbeerblätter, Weißwein, Chilischoten, Estragonkraut, Kirschtomaten und Brokkoliröschen hinzufügen.

Fischfilets ins Streifen schneiden und kurz im Sud aufkochen lassen. Mit Salz abschmecken und frischen Kräutern aus dem Garten (Dill, Estragon, Petersilie, Schnittlauch,...) verfeinern.

Mit Brunnenkresse-Blüten blumig servieren und resches Weißbrot dazu reichen.

TIPP: Die Gelbe Rübe ist eine Verwandte der Karotte und hat eine gelbe Farbe. Die Form ist dieselbe.

PIZZA

Café-Restaurant Wintergarten, Seite 172

ZUTATEN

TEIG

1025 g Pizzamehl Typ 700, 1/2 Würfel Germ (Hefe), 75 ml Olivenöl, 125 ml Schlagobers (Sahne), 1 EL Salz, 1/2 EL Zucker, 1/2 TL Pfeffer, 500 ml kaltes Wasser, Oregano nach Gusto

SAUCE

1 Dose Pizzasauce (250 g), 2 Knoblauchzehen, 1/2 Zwiebel, Oregano, Majoran, 2 TL Salz, 1 EL Zucker, Pfeffer nach Belieben, 150 ml Wasser, 50 ml Olivenöl, 1 EL Öl

ZUBEREITUNG

Für den Teig das Mehl, die Flüssigkeiten und Gewürze in eine Rührschüssel geben. Germ hineinbröseln und anderthalb Minuten mit Knethaken vermischen. Mindestens sechs Stunden, am besten über Nacht, aufgehen lassen, bis der Teig das doppelte Volumen angenommen hat. Die Masse in zwei Teile teilen und auswalken.

Für die Sauce die feingeschnittene Zwiebel in etwas Öl anschwitzen, dann den gehackten Knoblauch dazugeben und anbraten. Mit den restlichen Zutaten aufgießen und von der Herdplatte ziehen. Die Sauce darf nicht mehr kochen! Mit dem Stabmixer pürieren, abschmecken. und gleichmäßig auf dem Teig verteilen. Nach Belieben belegen.

Teigplatte auf auf ein bemehltes Blech heben und ins vorheizte Rohr (250 °C Ober-/Unterhitze) schieben. Backen, bis die Unterseite der Pizza leicht gebräunt ist.

Tipp: Lassen Sie die Pizzasauce drei bis vier Stunden ziehen, bevor Sie sie auf die Pizza geben. Das verstärkt das Aroma!

REZEPTE

DREIERLEI SAURES MIT FLADENBROT

Mostschenke Grablerhof, Seite 166

ZUTATEN FÜR 4 PERSONEN

FLADENBROT

500 g Roggenmehl Type 960, 250 g Weizenmehl Type 1600, 750 ml lauwarmes Wasser, 1/2 EL Salz, 1/2 TL Kümmel, 1/2 TL Koriander, 1/2 TL Fenchel, 21 g Germ (Hefe)

RINDFLEISCH

1 kg Rindsgab (Bugstück), 1 Karotte, 1/2 Sellerieknolle, 1 Zwiebel, frische Petersilienstängel, 2 Lorbeerblätter, 10 Pfefferkörner, 2 EL Salz

4 Semmelknödel, gegart

SULZ

1 vordere Schweinsstelze, 10 Blatt Gelatine, Sud (siehe Rindfleisch)

KERNÖLMARINADE

200 ml Wasser, 40 ml Mostessig (scharf), 20 ml Aceto Balsamico, 1/2 TL Salz, 1 TL Zucker, 1/2 TL Senf, 1/2 TL geriebenen Kren, Kürbiskernöl

Garnitur

1 Zwiebel, 2 hartgekochte Eier, 1 rote Paprika

ZUBEREITUNG

Für das Fladenbrot Germ in etwas Wasser auflösen. Zusammen mit Mehl, restlichem Wasser und Gewürzen zu einem mittelfesten Teig kneten und ruhen lassen. Wenn sich das Teigvolumen verdoppelt hat, den Teig zu einem backblechgroßen, runden Fladen ausrollen und bei 250 °C (Ober-/Unterhitze) 20 Minuten im Ofen backen.
Für das Rindfleisch alle Zutaten (außer dem Fleisch) in einen Topf mit 4 Litern Wasser geben und aufkochen lassen. Dann Rindfleisch hinzugeben und köcheln lassen, bis das Fleisch bissfest ist. Auskühlen lassen. Den Sud aufbewahren. Das erkaltete Rindfleisch und die Semmelknödel mit der Brotschneidemaschine in dünne Scheiben schneiden und wie auf dem Foto anrichten.
Für die Schweinshaxn-Sulz Stelze und Gemüse in den Rindersud geben und kochen lassen, bis alles weich ist. Dann das Fleisch und Gemüse in kleine Würfel schneiden. Gelatine in kalten Wasser einweichen, dann im Sud auflösen. Mit dem Kleingeschnittenem vermischen und in Förmchen füllen. Kalt stellen. Sulz aus den Förmchen stürzen und zusammen mit fein gehackter Zwiebel, Eierspalten, Paprikaringen und der Kernölmarinade auf den Teller geben. Dazu reichen wir das in Ecken geschnittene Fladenbrot.

REHSCHNITZERL IN WACHOLDERSAFTL MIT BUTTERSPÄTZLE UND EINGELEGTEN EIERSCHWAMMERLN

Gasthof Hotel Kirchenwirt, Seite 168

ZUTATEN FÜR 4 PERSONEN

8 Rehschnitzel aus dem Schlögl à ca. 80 g, 125 ml Rotwein, 250 ml Rindssuppe, 12–15 Wacholderbeeren, ca. 100 g Butter, etwas gehackte Petersilie, Salz, Pfeffer

SPÄTZLE

250 g griffiges Mehl, 4 Eier, Salz

EINGELEGTE EIERSCHWAMMERL

500 g frische Eierschwammerl, 1 Zwiebel, 5–6 Knoblauchzehen, etwas Olivenöl, Pflanzenöl, Salz, Pfeffer, 2–3 Einmachgläser

ZUBEREITUNG

Für die eingelegten Eierschwammerl sollte man am besten nicht zu große Eierschwammerl verwenden. Diese dann ein- bis zweimal durchschneiden, in einer Pfanne mit Olivenöl anschwitzen, salzen und pfeffern. Knoblauch und Zwiebel fein hacken, in die Pfanne geben. Wenn der Zwiebel beginnt, glasig zu werden, die Pfanne von der Hitze nehmen, und in gut gereinigte Einmachgläser geben. Das Glas nicht ganz voll machen und mit Pflanzenöl auffüllen, bis die Schwammerl bedeckt sind.
So verarbeitet sind sie gut zwei bis drei Monate haltbar.
Für die Spätzle circa 3 Liter Wasser in einem nicht zu flachen Topf zum Kochen bringen. Das Mehl in eine Schüssel oder Rührkessel geben, die Eier und eine Prise Salz dazugeben und etwas vermengen. Langsam circa 200 Milliliter Wasser hinzufügen und zu einem glatten, zähflüssigen Teig verarbeiten. Die Wassermenge kann etwas variieren. Mit einem Spätzlesieb werden die Spätzle am schönsten, es geht aber auch, wenn man sie einfach mit dem Messerrücken von einem Brett schabt.
Die Rehschnitzel würzen und in einer Pfanne scharf anbraten. Herausnehmen und den Bratrückstand mit Rotwein und Rindssuppe ablöschen. Die Wacholderbeeren mit einem Messer zerdrücken und zur Sauce geben. Die Schnitzel fertig dünsten.
Die Spätzle in Butter mit zerhackter Petersilie anschwitzen und salzen. Währenddessen die fertigen Schnitzel aus der Sauce nehmen und diese durch ein feines Sieb gießen und mit der Hälfte der Butter aufmontieren.
Die Spätzle und die Schnitzel auf einem Teller anrichten, die Sauce über die Schnitzel gießen. Eierschwammerl abtupfen und ebenfalls auf den Teller geben.

REZEPTE

HIRSCHFILET MIT APFELBLAUKRAUT

Gasthof-Pension Druckerhof, Seite 174

ZUTATEN FÜR 4 PERSONEN

600 g Hirschfilet, zugeputzt, Salz, Pfeffer, Paprikapulver, Koriander, Thymian nach Geschmack, 1 Knoblauchzehe, 1/4 Zwiebel, 1 TL Wacholderbeeren, 1–2 EL Butter, 1–2 EL Öl, 1 EL Mehl (glatt), 250 ml Gemüsebouillon, 125 ml Rotwein, 2 Prisen Zucker, 1 Schuss Orangensaft, 1 EL Preiselbeeren

APFELBLAUKRAUT

1 mittelgroßer Kopf Blaukraut, 1 Zwiebel, 2 EL Feinkristallzucker, 2 EL Öl, 1 TL Kümmel (schwach gestrichen), 2 säuerliche, ungespritzte Äpfel, 250 ml Orangensaft, 2 großzügige Schuss Rotwein, 1/2 ungespritzte Zitrone

ZUBEREITUNG

Hirschfilet in circa zwei Zentimeter dicke Scheiben schneiden (nicht klopfen!). Aus den Gewürzen, der fein geschnittenen Zwiebel, dem gepressten Knoblauch und den zerdrückten Wacholderbeeren eine Gewürzpaste zubereiten. Das Fleisch damit einreiben, etwas Öl in der Pfanne erhitzen und die Filets auf beiden Seiten bei starker Hitze anbraten.

Danach Temperatur zurückschalten und das Fleisch aus der Pfanne nehmen. Butter in die Pfanne geben und schmelzen lassen. Mit Mehl stauben und der Gemüsebouillon aufgießen. Rotwein, Zucker, Orangensaft und Preiselbeeren beimengen und kurz aufkochen lassen. Anschließend auf Teller anrichten.

Für das Apfelblaukraut den Strunk aus dem Krautkopf enfernen, das Kraut hobeln oder in feine Streifen schneiden. Zwiebel und Zucker in Öl anbraten und karamelisieren lassen. Dann das Kraut dazugeben und anschwitzen lassen. 250 Milliliter Wasser eingießen und dabei offen weich dünsten. Die Äpfel grob hobeln, die Zitrone in Spalten schneiden und zusammen mit Kümmel, Salz und Orangensaft zum Kraut hinzufügen und abschmecken. Abschließend den Rotwein beimengen. Vor dem Servieren die Zitronenspalten entfernen.

ATTERSEE-HECHT

Hotel Seegasthof Stadler, Seite 176

ZUTATEN

1 Attersee-Hecht (600–700 g), geschuppt und ausgenommen, 250 g Butterschmalz, Mehl zum Wälzen, Fischgewürz, Salz

ZUBEREITUNG

Butterschmalz in der Pfanne erhitzen, Hecht innen salzen und würzen und in Mehl wälzen. Den ganzen Fisch auf beiden Seiten bei mittlerer Hitze anbraten, bis sich das Fleisch leicht von den Gräten lösen lässt.

Auf einer Fischplatte anrichten und Kräuterbutter sowie Petersilkartoffeln dazu reichen. Dazu passt ein Grüner Veltliner (zum Beispiel vom Weingut Ott in Feuersbrunn) oder ein Riesling (beispielsweise vom Weingut Groll im Kamptal)

SALZBURGER NOCKERL

Hotel Seegasthof Stadler, Seite 176

ZUTATEN

4 Eiweiß, 3 Eidotter, 1 EL Kristallzucker, 1 EL Vanillezucker, 1 TL Mehl (glatt), 1 EL Preiselbeeren, Saft von 1/2 Zitrone

ZUBEREITUNG

Das Eiweiß mit dem Zitronensaft vermengen und aufschlagen. Kristallzucker beimengen, dann die drei Dotter, das Mehl und den Vanillezucker unterheben. Preiselbeeren in eine feuerfeste Form geben und grob verstreichen. Nockerlmasse in drei Gupf in die Form setzen. Im auf 180 °C (Umluft) vorgeheizten Ofen 16 Minuten goldgelb backen.

Tipp: Ein Gupf ist ein Portionshäufchen, das über den Rand der Form hinausreicht. Dadurch ergibt sich die typische Nockerlform.

SANKT GILGEN AM WOLFGANGSEE GILT SEIT DEM MITTELALTER ALS DER „FUSS IN DER TÜR" ZUM SALZKAMMERGUT.

REZEPTVERZEICHNIS

ADRESSVERZEICHNIS

B

BOOTE SALZKAMMERGUT 24
Inhaber Felix Suchanek
Altaussee 11
A-8992 Altaussee
Tel. 00 43 (0) 36 22 / 7 14 00
Mobil 00 43 (0) 6 76 / 7 55 98 73
office@boote-salzkammergut.at
www.boote-salzkammergut.at

BUCH & BOOT 24
Inhaber Gudrun Suchanek
Altaussee 11
A-8992 Altaussee
Tel. 00 43 (0) 36 22 / 7 14 00
Mobil 00 43 (0) 6 76 / 7 55 98 74
buchhandlung@buch-boot.at
www.buch-boot.at

C

CAFÉ BAR RESTAURANT TIKI TAKI 60
Winfried Wimberger
Hauptstraße 31
A-4802 Ebensee
Tel. 00 43 (0) 61 33 / 70 14
parkcafe@tiki-taki.at
www.tiki-taki.at

CAFÉ NANNERL 132
Geschäftsführer Michael Weiß
Kirchenplatz 2
A-5340 St. Gilgen
Tel. 00 43 (0) 62 27 / 23 68
Fax 00 43 (0) 62 27 / 82 75
cafenannerl@aon.at
www.cafenannerl.at

CAFÉ-RESTAURANT WINTERGARTEN 172
Pächterin Sarah Ausweger
Marktplatz 4
A-5303 Thalgau
Tel. 00 43 (0) 62 35 /2 01 60
Fax 00 43 (0) 62 35 /2 01 60
mail@wiga.tv
www.wiga.tv

D

DORFALM ZU ST. WOLFGANG 164
Familie Falkensteiner
Markt 123
A-5360 St. Wolfgang
Tel. 00 43 (0) 61 38 / 2 01 45
Fax 00 43 (0) 61 38 / 2 01 45-14
st.wolfgang@dorf-alm.at
www.dorf-alm.at

E

EDELBRÄNDE GASTEIGER 34
Matthias Gasteiger
Sulzbach 147 (Auweg 73)
A-4820 Bad Ischl
Tel. 00 43 (0) 61 32 / 2 33 63
Mobil 00 43 (0) 6 50 / 4 42 71 32
matthiasgasteiger@hotmail.com

ERLACHMÜHLE 122
Familie Wieneroither
Vogelsangstraße 33
A-5310 Mondsee
Tel. 00 43 (0) 62 32 / 25 78
Fax 00 43 (0) 62 32 / 25 78 15
erlachmuehle.mondsee@aon.at
www.erlachmuehle.at

F

FERIENPARADIES LEOPOLDHOF AM WOLFGANGSEE 164
Familie Falkensteiner
Ried 8
A-5360 St. Wolfgang
Tel. 00 43 (0) 61 38 / 24 38
Fax 00 43 (0) 61 38 / 24 38
leopoldhof@aon.at
www.leopoldhof.at

FORELLENHOF WIESELMÜHLE 72
Familie Johann Buchegger
Landstraße 73
A-4645 Grünau im Almtal
Tel. 00 43 (0) 76 16 / 82 50
Fax 00 43 (0) 76 16 / 82 50 -54
forellenhof@almtal.at
www.wieselmuehle.at

FRANZL'S HÜTTE *140*
Maria Teichmeister und
Franz Klaushofer
Laim 31
A-5340 St. Gilgen
Tel. 00 43 (0) 664 / 2 65 82 07
Tel. 00 43 (0) 664 / 2 46 06 70
info@franzlshuette.at
www.franzlshuette.at

G

GASTHAUS GRUBER *88*
Inhaber Familie Gruber
Stadtplatz 14
A-4690 Schwanenstadt
Tel. 00 43 (0) 76 73 / 22 54
Fax 00 43 (0) 76 73 / 43 33
Gasthaus.gruber@a1.net

GASTHAUS HOFWIRT *86*
Inhaber Heinz Felbermair
Marktstraße 3
A-4643 Pettenbach
Tel. 00 43 (0) 75 86 / 2 05 48
Fax 00 43 (0) 75 86 / 8 37 37
office@hofwirt.co.at
www.hofwirt.co.at

GASTHAUS WACHTBERG *178*
Familie Gebetsroither
Wachtbergstraße 79
A-4852 Weyregg am Attersee
Tel. & Fax 00 43 (0) 76 64 / 26 33
gasthaus@wachtberg.at
www.wachtberg.at

GASTHAUS WIRT AM GRIES *138*
Inhaber Elisabeth und
Martin Tritscher
Steinklüftstraße 6
A-5340 St. Gilgen
Tel. 00 43 (0) 62 27 / 23 86
Fax 00 43 (0) 62 27 / 23 86-3
reservierung@wirtamgries.at
www.wirtamgries.at

GASTHOF GOSAUSEE *40*
Ehrenfried Vierthaler
Gosau 395
A-4824 Gosau
Tel. 00 43 (0) 6136 / 85 14
Fax 00 43 (0) 6136 / 85 14-33
office@gasthof-gosausee.at
www.gasthof-gosausee.at

GASTHOF HOTEL ABERSEEHOF *114*
Aberseehof Gassner GmbH
Christian-Fritz-Weg 19
A-5342 Abersee
Tel. 00 43 (0) 62 27 / 38 82
info@aberseehof.at
www.aberseehof.at

GASTHOF HOTEL KIRCHENWIRT *168*
Besitzerin Maria Schmeisser
Bürglstraße 18
A-5350 Strobl
Tel. 00 43 (0) 61 37 / 72 07
Fax 00 43 (0) 61 37 / 7 20 77
info@kirchenwirt.eu
www.kirchenwirt.eu

GASTHOF JAGERSIMMERL *74*
Andrea und Christian Bergbaur
Habernau 6
A-4645 Grünau im Almtal
Tel. 00 43 (0) 76 16 / 85 05
Fax 00 43 (0) 76 16 / 85 05-33
office@jagersimmerl.at
www.jagersimmerl.at

GASTHOF LOSER *22*
Alois Gasperl
Fischerndorf 80
A-8992 Altaussee
Tel. 00 43 (0) 36 22 / 7 13 73
Mobil 00 43 (0) 6 64 / 5 12 70 22
a.gasperl@gasthof-loser.at
www.gasthof-loser.at

ADRESSVERZEICHNIS

GASTHOF-PENSION DRUCKERHOF *174*
Familie Windhager
Druckerstraße 15
A-4866 Unterach am Attersee
Tel. 00 43 (0) 76 65 / 82 95
Fax 00 43 (0) 76 65 / 82 95-55
info@druckerhof.com
www.druckerhof.com

GASTHOF ZUM HIRSCHEN *20*
Glaser & Neumann GesmbH
Fischerndorf 17
A-8992 Altaussee
Tel. 00 43 (0) 36 22 / 7 13 47
Fax 00 43 (0) 36 22 / 7 13 47-17
gasthof@hirschen-altaussee.at
www.hirschen-altaussee.at

GMUNDNER MILCH REG.GEN.M.B.H. *68*
Geschäftsführer
Mag. Michael Waidacher
Theresienthalstraße 16
A-4810 Gmunden
Tel. 00 43 (0) 76 12 / 7 82-0
Fax 00 43 (0) 76 12 / 7 82-43
office @gmundner-milch .at
www.gmundner-milch.at

H

HERITAGE HOTEL HALLSTATT *44*
Direktor Peter Scheutz
Landungsplatz 101
A-4830 Hallstatt
Tel. 00 43 (0) 61 34 / 2 00-36
Fax 00 43 (0) 6 134 / 2 00-42
info@hotel-hallstatt.com
www.hotel-hallstatt.com

HOCHBERGHAUS *76*
Inhaber Hermann Hüthmayr
Kasberg 1
A-4645 Grünau im Almtal
Tel. 00 43 (0) 76 16 / 84 77
Fax 00 43 (0) 76 16 / 84 77 77
info@hochberghaus.at
www.hochberghaus.at

HOTEL AICHINGER *178*
Familie Aichinger
Am Anger 1
A-4865 Nußdorf am Attersee
Tel. 00 43 (0) 76 66 / 80 07
Fax 00 43 (0) 76 66 / 80 07-50
office@hotel-aichinger.at
www.hotel-aichinger.at

HOTEL ALTE POST FAISTENAU *116*
Familie Teufl
Am Lindenplatz 5
A-5324 Faistenau
Tel. 00 43 (0) 62 28 / 22 05
Mobil: 00 43 (0) 6 64 / 5 06 90 99
Fax 00 43 (0) 62 28 / 22 05 28
info@altepost-faistenau.at
www.altepost-faistenau.at

HOTEL ERZHERZOG JOHANN *28*
Direktorin Regina Stocker
Kurhausplatz 62
A-8990 Bad Aussee
Tel. 00 43 (0) 36 22 / 525 07-0
Fax 00 43 (0) 36 22 / 525 07-680
info@erzherzogjohann.at
www.erzherzogjohann.at

HOTEL GASTHOF ZUR POST *136*
Familie Leitner
Mozartplatz 8
A-340 St.Gilgen
Tel. 00 43 (0) 62 27 / 21 57
Fax 00 43 (0) 62 27 / 21 58-600
office@gasthofzurpost.at
www.gasthofzurpost.at

HOTEL GOLDENER OCHS 32
Familie Schweiger
Grazer Straße 4
A-4820 Bad Ischl
Tel. 00 43 (0) 61 32 / 2 35 29-0
Fax 00 43 (0) 61 32 / 2 35 29-50
office@goldenerochs.at
www.goldenerochs.at

HOTEL HOLLWEGER 134
Familie Hollweger
Mondsee Bundesstraße 2
A-5340 St. Gilgen
Tel. 00 43 (0) 62 27 / 22 26
Fax 00 43 (0) 62 27 / 79 56-52
office@hollweger.at
www.hollweger.at

HOTEL LINDNER 94
Anton-Lumpi-Straße 13
A-4840 Vöcklabruck
Tel. 00 43 (0) 76 72 / 72 72 70
Fax 00 43 (0) 76 72 / 7 27 27-50
info@hotel-lindner.com
www.hotel-lindner.com

HOTEL-RESTAURANT HÄUPL 126
Hauptstraße 20
A-4863 Seewalchen
Tel. 00 43 (0) 76 62 / 2 98 60
Fax 00 43 (0) 76 62 / 2 98 60-7 00
welcome@hotel-haeupl.at
www.hotel-haeupl.at

HOTEL / RESTAURANT LITZLBERGER KELLER 178
Moos 8
A-4863 Seewalchen am Attersee
Tel. 00 43 (0) 76 62 / 23 12
Fax 00 43 (0) 76 62 / 23 12-23
info@litzlbergerkeller.at
www.litzlbergerkeller.at

HOTEL SEEGASTHOF STADLER 176
Inhaber Johann Stadler
Stockwinkel 1/3
A-4866 Unterach am Attersee
Tel. 00 43 (0) 76 65 / 83 46
info@seegasthof-stadler.at
www.seegasthof-stadler.at

I

IRIS PORSCHE HOTEL & RESTAURANT 118
Geschäftsführer Wolfgang Birklbauer
Marktplatz 1
A-5310 Mondsee
Tel. 00 43 (0) 62 32 / 22 37
Fax 00 43 (0) 62 32 / 22 37-22
reservierung@irisporsche.at
www.irisporsche.at

J

JAUSENSTATION DORNERHOF 162
Familie Leitner
Ried 11
A-5360 St. Wolfgang
Tel. 00 43 (0) 61 38 / 28 14
Fax 00 43 (0) 61 38 / 28 14
dornerhof@gmx.at
www.jausenstation-dornerhof.at

K

KAFFEEWERKSTATT 156
Wipplinger KG
Markt 140
A-5360 St. Wolfgang
Tel. 0043 (0)6 64 / 5 04 20 11
office@kaffeewerkstatt.eu
www.kaffeewerkstatt.eu

KAP HORN – DIE BAR 160
Lösch & Roither OG
Markt 13
A-5360 St. Wolfgang
Tel. 00 43 (0) 6 76 / 4 55 41 83
E-Mail: mail@kap-horn.at
www.kap-horn.at

K.U.K. HOFBEISL 38
Inhaber Marcus Hofbauer
Wirerstraße 4
A-4820 Bad Ischl
Tel. 00 43 (0) 61 32 / 2 72 71
max@kukhofbeisl.com
www.kukhofbeisl.com

ADRESSVERZEICHNIS

L

LANDGASTHAUS RABL 80
Familie Berghaler
Rabesberg 42
A-4816 Gschwandt
Tel. 00 43 (0) 76 12 / 6 26 20
office@gasthaus-rabl.at
www.gasthaus-rabl.at

LANDGASTHOF KASTENHUBER 78
Besitzer Familie Margit und
Rudolf Kastenhuber
Viecht 8
A-4693 Desselbrunn
Tel. 00 43 (0) 76 73 / 60 36
Fax 00 43 (0) 76 73 / 60 36
landgasthof@kastenhuber.at
www.kastenhuber.at

LAND.GAST.HOF SCHAITEN 58
Betreiber: Ing. Johann Drack
Schaiten 3
A-4645 Grünau
Tel. 00 43 (0) 76 16 / 2 07 12
landgasthof-schaiten@almtal.at
www.schaiten.com

LEDERBEKLEIDUNG PASCHINGER 64
Inhaber Andreas Paschinger
Am Graben 1
A-4810 Gmunden
Tel. 00 43(0) 7612 64540
Fax 00 43 (0) 761247235-44
office@leder-paschinger.at
www.leder-paschinger.at

M

MOJITO – DAS MEXIKANISCHE RESTAURANT 36
Besitzer Romana und Hubert Zauner
Eglmoosgasse 4
A-4820 Bad Ischl
Tel. 00 43 (0) 61 32 / 2 64 03
Fax 00 43 (0) 61 32 / 2 64 03-6
office@mojito-ischl.at
www.mojito-ischl.at

MOSTSCHENKE GRABLERHOF 166
Familie Christian Holzinger
Unterroith 2
A-4853 Steinbach am Attersee
Tel. 00 43 (0) 76 63 / 6 23
Mobil 00 43 (0) 6 64 / 44 542 37
Fax 00 43 (0) 76 63 / 6 23 20
mostschenke@grablerhof.at
www.grablerhof.at

P

PANORAMAHOTEL-GASTHOF SCHÖNBERGER 124
Inhaber Stefan Schönberger
Seepoint 10
A-4865 Nussdorf am Attersee
Tel. 00 43 (0) 76 66 / 80 06
Fax 00 43 (0) 76 66 / 2 00 56
gh.schoenberger@aon.at
www.gasthof-schoenberger.at

Q

QSTALL 170
Ing. Kurt Meindl GmbH
Salzburger Straße 75
A-5303 Thalgau
Tel. 00 43 (0) 6 64 / 2 52 86 79
office@qstall.net
www.qstall.net

R

RESTAURANT-CAFÉ-KONDITOREI GASSNER 128
Gassner GmbH & Co KG
Attergaustraße 30
A-4880 St. Georgen im Attergau
Tel. 00 43 (0) 76 67 / 87 57
Fax 00 43 (0) 76 67 / 87 57 18
office@gassner.cc
www.gassner.cc

RESTAURANT SCHMANKERL 90
Inhaber Adam Hoffmann
Gmundner Straße 42
A-4690 Schwanenstadt
Tel. 00 43 (0) 76 73 / 55 13
office@restaurant-schmankerl.at
www.restaurant-schmankerl.at

RESTAURANT TIMBALE 130
Salzburger Straße 2
A-5340 St. Gilgen
Tel. 00 43 (0) 62 27 / 75 87
restaurant@timbale.at
www.timbale.at

DIE RÖHRE *178*
Inhaber Margit und Christian Denz
Eichenweg 1
A-4866 Unterach am Attersee
Tel. 00 43 (0) 6 64 / 1 33 98 64
mail@dieroehre.com
www.dieroehre.com

S

SEEGASTHOF UND HOTEL STEINMAURER *66*
Familie Mayr
Traunsteinstraße 23
A-4810 Gmunden
Tel. 00 43 (0) 76 12 / 7 04 88
Fax 00 43 (0) 76 12 / 7 04 88 31
info@steinmaurer.at
www.steinmaurer.at

SEEHOTEL SCHWAN *62*
Besitzer Familie Nöstlinger
Rathausplatz 8
A-4810 Gmunden
Tel. 00 43 (0) 76 12 / 6 33 91
Fax 00 43 (0) 76 12 / 63 39 18
noestlingerschwan@direkt.at
www.seehotel-schwan.at

T

TRAPA BÖDEN GMBH *92*
Geschäftsführer
Hermann Hörndler
Uferstraße 23
A-4801 Traunkirchen
Tel. 00 43 (0) 76 17 / 32 27-10
info@trapa.at
www.trapa.at

U

UFERWIRT SEERAUNZN *30*
Martin Schlattner
Obersee 41
A-4822 Bad Goisern
Tel. 00 43 (0) 6 76 / 4 33 12 63
office@seeraunzn.at
www.seeraunzn.at

V

VITALHOTEL GOSAU *42*
Geschäftsführer Richard Praszta
Nr. 713
A-4824 Gosau
Tel. 00 43 (0) 61 36 / 88 11-0
Fax 00 43 (0) 61 36 / 88 11-315
info@vitalhotelgosau.at
www.vitalhotelgosau.at

W

WIRT AM BACH *84*
Besitzer Claudia und Josef Naderer
Am Bach 13
A-4664 Oberweis
Tel. 00 43 (0) 76 12 / 7 45 03
Fax 00 43(0) 76 12 / 7 45 03 24
info@wirtambach.at
www.wirtambach.at

WIRTSHAUS DÜRNAUERHOF *96*
Familie Krempler
Dürnauerstraße 108
A-4840 Vöcklabruck
Tel. 00 43 (0) 76 72 / 2 36 47
duernauerhof@asak.at
www.duernauerhof.asak.at

Z

ZIPFER BIER *82*
Inhaber Brau Union Österreich Aktiengesellschaft
Zipf 1
A-4871 Neukirchen an der Vöckla
Tel. 00 43 (0) 76 82 / 36 00-0
Fax 00 43 (0) 76 82 / 36 00-53 29
office@zipfer.at
www.zipfer.at
www.facebook.com/Zipfer

Besondere Adressen für Sie entdeckt

Bremen und Umgebung
144 Seiten, Hardcover
978-3-86528-537-9

Düsseldorf und Umgebung
208 Seiten, Hardcover
978-3-86528-548-5

Linz und Umgebung
192 Seiten, Hardcover
978-3-86528-541-6

Zürich und Umgebung
160 Seiten, Hardcover
978-3-86528-544-7

Berlin und Umgebung
184 Seiten, Hardcover
978-3-86528-477-8

Freiburg und Breisgau
200 Seiten, Hardcover
978-3-86528-514-0

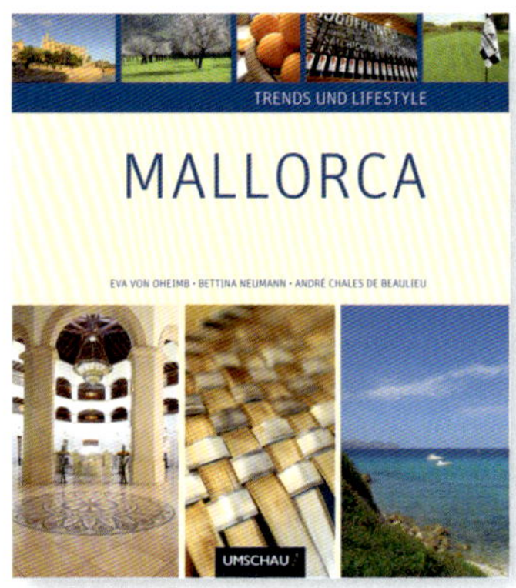

Mallorca
248 Seiten, Hardcover
978-3-86528-524-9

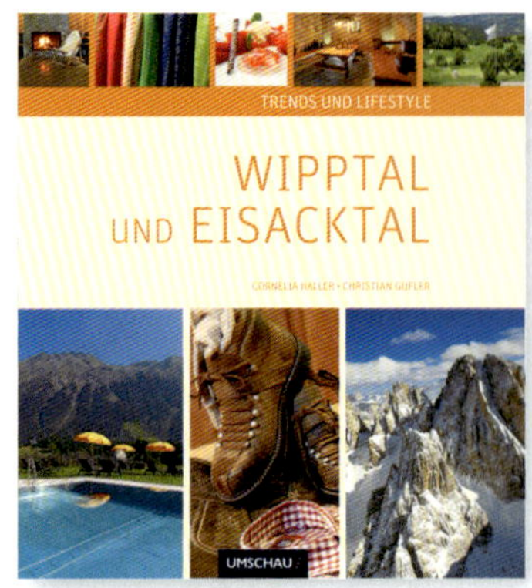

Wipptal und Eisacktal
128 Seiten, Hardcover
978-3-86528-543-0

Bestes Handwerk vom Schwarzwald bis zum Neckar
144 Seiten, Hardcover
978-3-86528-519-5

Bestes Handwerk Wien
160 Seiten, Hardcover
978-3-86528-468-6

Raum & Design München
200 Seiten, Hardcover
978-3-86528-546-1

Faszination Welterbe – Band 1 – Deutschlands Norden
256 Seiten, Hardcover
978-3-86528-545-4

Weitere Empfehlungen aus der Region

bau.stil.
Christian Bau
288 Seiten, Hardcover mit Schutzumschlag
978-3-86528-739-7

Wild
Harald Rüssel
208 Seiten, Hardcover
978-3-86528-734-2

Ganz Natürlich
Thomas Dreher
192 Seiten, Hardcover
978-3-86528-747-2

Drunter & Drüber
Das Brotback- und Aufstrichbuch
208 Seiten, Hardcover
978-3-86528-746-5

Klitzekleine Glücklichmacher
Daniela Klein
144 Seiten, Hardcover
978-3-86528-759-5

Schlau kochen
Ein Entdeckerkochbuch für neugierige Kinder und Erwachsene
264 Seiten, Hardcover
978-3-86528-608-6

UMSCHAU
Die genussvollen Seiten des Lebens

Für weitere Informationen über unsere Reihen wenden Sie sich direkt an den Verlag:

Neuer Umschau Buchverlag
Moltkestraße 14
D-67433 Neustadt / Weinstraße

☎ + 49 (0) 63 21 / 877-852
Fax + 49 (0) 63 21 / 877-859
@ info@umschau-buchverlag.de

Besuchen Sie uns auch im Internet:
www.umschau-buchverlag.de

IMPRESSUM

RECHERCHE
Gottfried Hirtenlehner, Gmunden.

TEXTE
Mag. Claudia Dabringer, Salzburg

FOTOS
Chris Rogl, Teisendorf
Andres Hechenberger, Salzburg

LEKTORAT/PRODUKTION
komplus GmbH, Heidelberg

GESTALTUNG
komplus GmbH, Heidelberg

REPRODUKTION
Blaschke Vision, Freigericht

KARTE
Trantow Atelier, Grafik & Illustration
Herbolzheim

DRUCK UND VERARBEITUNG
NINODRUCK, Neustadt/Weinstraße

Printed in Germany
ISBN: 978-3-86528-550-8

Wir bedanken uns für die freundlicherweise zur Verfügung gestellten Fotos bei:
Seite 17 oben Adamus – Fotolia.com
Seite 17 unten Ernst Pieber – Fotolia.com
Seite 18 Waldteufel – Fotolia.com
Seite 92 + 93, TRAPA Böden
Seite 111 rubrafoto – Fotolia.com
Seite 112 zida – Fotolia.com
Seite 155 Andrea Sachs – Fotolia.com
Seite 156 bis 159 Eva-Maria Repolusk, Salzburg
Seite 179, Attersee-Kulinarium